바람개비

시조사랑시인선 60

임만규 시조집

바람개비

열린출판

바람개비

1판 1쇄 발행 2025년 5월 15일

지은이 | 임 만 규
펴낸곳 | 열린출판
등록 | 제 307-2019-14호
주소 | 경기도 고양시 덕양구 권율대로 656, 1401
전화 | 02-6953-0442
팩스 | 02-6455-5795
전자우편 | open2019@daum.net
디자인 | SEED디자인
인쇄 | 삼양프로세스

ⓒ 임만규, 2025
ISBN 979-11-91201-86-4 03810

*책값은 뒤표지에 표시되어 있습니다.
*저자와 협의하여 인지를 생략합니다.

■ 서문

풍금 소리 들리는 찻집 같은

이석규 (한국시조협회 이사장, 가천대 명예교수)

1.

  필자가 임만규 시인을 만난 것은 불과 6년 정도밖에 되지 않는다. 그러나 그동안 인생을 논하고 특히 시조에 관하여, 시조 창작에 관하여 폭넓은 의견을 나누어 왔다. 그렇게 서로를 깊이 이해하고 신뢰하는 사이가 되었다. 따라서 필자는 임 시인의 사람됨과 그의 시조를 어느 정도 안다고 할 수 있을 것이다.
  임만규 시인은 외모가 참 단아한 분이다. 차림새가 늘 단정하고 깨끗하다. 사람을 대할 때 지식과 지혜를 겸비하고도 그것을 잘 드러내지 않는다. 주변 사람들에게는 언제나 겸손하며 진정을 다 한다. 그는 상대를 존중할 줄 알고 친절함과 정다움을 나눌 줄 알며, 일에서는 맺고 끊음이 깨끗하고 분명하다.
  한 마디로 그는 타고난 시인으로서 또는 지성인으로서의 기품과 분위기가 잔잔히 느껴지는 분이다

2.

임만규 시인은, 사람의 인생은 한 번 태어나서 이 세상을 떠날 때까지 쉬지 않고 걸어가는 길 위에 있다고 상정想定한다.

그리하여 그는 그 인생길을 가면서 만나는 수많은 사람, 사건, 사실과 현상들을, 감응될 때면, 면밀하게 관찰하고 통찰한다. 여러 감각기관을 통하여 때로는 섬세하고 심미적인 감수성으로, 때로는 인내와 냉철함으로, 인지하고 사색하고 격물치지格物致知하고자 한다, 그것은 직관과 상상력을 동원한, 내면화인 동시에 의미의 발견이다. 나아가 그것은 새로운 창조적 의미 부여에 이른다. 그렇게 정성을 들이는 과정에서 그의 예술작품들은 특화된 모습으로 완성된다.

그가 '길' 또는 '강'이라는 것은 태어나서 성장하고 완숙되어 가는 과정을, 사뭇 부드럽고 따뜻한 서정으로 감싸 보여주는 것(「길」 참조)이기도 하고, 노을빛 곱게 내리'는 유토피아를 지향하는 「여정」이기도 하다.

그런데 길 위에서 임만규 시인이 만나는 이 세상은 부조리와 불만과 굴욕을 강요하는 부정적 요소가 적지 않은 것 같다. 예컨대, 그의 시조 「수용소」에서, 한계에 갇힌 인간의 비참하고 절망적인 모습을 적나라하게 고발하거나. 「베오그라드」에서는, 전쟁의 흔적을 '청사青史에 박힌 불발탄'으로, 「고궁 야행」에서는 야욕으로 인한, 인간사의 비극과 한계에 직면한 인간의 슬픔을 들

춘다.

　임만규 시인의 심성은 그러나 훨씬 밝고 건강하며 긍정적이다. 설혹 어떠한 부정적 형편에서도 절대 절망하지 않는다. 오히려 무너진 하늘에서 살아날 구멍을 찾아내는 의지의 사나이다. 수용소에 갇혀 영원히 벗어날 수 없는 절망의 상황에서 철조망을 넘는다. 그것은 모든 것을 초월하여 비인간을 이기고, 인간에게 그 비인간을 고발하려는 정의 실현의 의지요 진정한 용기다. 진실로 인간을 지키려는 인간 사랑의 발로다. 또 「폭포」는 땅과 하늘을 잇는 다리요, 「출렁다리」에서, 인생은 '흔들리면서 나를 찾는 소중한 여행길'임을 역설하고 있다.

　「폐지를 줍는 노인」에서는, 어두운 밤, 춥고 배고프고 고달픈 현실 속에서, 마지막 힘을 다해 수레를 끌고 가는 것은, 기다리는 누군가와 나누어 덮고 싶은 '행복 한 장'을 싣고가야 하기 때문이다. 그것이 인간의 한계를 넘어서는, 인내와 노력을 이끌어 내는 사랑의 힘이다.

　그런데 그가 살아가는 길에는 부정적 요소보다 긍정적 아름다움, 선한 측면이 더 많이 존재한다. 예컨대 「폭포」에서는 그 요란한 소리는, '모든 것을 다 끌어안고/ 세상을 깨우치는' 사자후다. 「한탄강」의 흐름은, '끝없이 용서하며 흘러온 세월'이요, 세상을 깨우느라 가슴 저민' 시간이다. 그는 그것을 통하여 인생의 비극을 수용하고 용서하는 것을 배우게 된다. 박물관의 '순정한 영혼의 숨결'에서 비극적 세상을 살아갈 길을 찾고자 한다.(「박물관에 가면」 참조). 「백자」에서는 한 걸음 더 나아간다. 아픔을 겪어야 귀가 열리고 눈이 열린다고 한다. 그렇게 모든 것이 열린 뒤, 온전한 비움, 곧 무심의 경지에 이르게 되는 성장 과정을 보여준다.

   그러한 인내와 단련을 통하여, 적어도 뜻있는 사람은, 이상향으로 접근을 가능하게 하는, 이른바 "희망, 수용, 용서, 인내, 비움, 배려, 사랑, 무심"이라는 다리를 내면화할 수 있다는 것이다. 쉽게 말하면 이러한 과정을 통하여 인간은 비로소 이상향으로의 접근이 가능해진다는 것이다.

   시인은 이러한 유토피아의 표상으로 온갖 고난과 두려움 그리고 그리움을 참고 견뎌온 인간 앞에 다가서는 '서기瑞氣 어린 새 세상'을 「좋은 날」에서, 그리고 봄날의 푸른 아우성이 가득한 세상을 「봄날이다」에서, 별유천지의 전진기지로 묘사한다. 그곳은 '별이 반짝이는 고향 집 마당'이며 '갈맷빛 숲'으로 묘사되기도 한다.

   한편 임만규 시인은 니체처럼, 이육사처럼, 인간존재의 한계를 뛰어넘어 완전하고 영원한 초인超人을 기다린다. 원적지를 찾고자 하는 마음과 같은 맥락이다. 이를테면 「미륵보살 반가사유상」에서는 업장을 벗어난 지혜와 자비의 미소를 띠고 있는 미륵

보살에서 인간을 넘어선 초인 또는 진인眞人 모습을 찾는다

　이 또한 임만규 시인이 추구하는 근본적인 소망이요 꿈의 본질이다.

　3.
　마지막으로 임만규 시인의 사유와 서정을 다음과 같이 요약 정리하고자 한다.
　임만규 시인은 타고난 감성과 감수성을 지닌 시인이다.
　그의 여러 작품에 나타나는 서정은 여리고 부드럽고 따뜻하다. 매우 심미적이며 섬세한 애정으로 가득하다.
　그러나 결코 꾸밈의 중복을 허용하지 않는다. 늘 홑겹으로 가늘고 잔잔하게 펼친다. 그래서 더 슬프고 아프고, 더 사랑스럽다. 그는 가능하면 작게, 가볍게, 간결하게 터치한다. 그러나 절대 연약하지 않다. 오히려 더욱 강인하고 때로는 웅장하게 느껴지기까지도 한다. 부드러움 속에 바위 같은 내공을 감추고 있음이다.
　그의 시조는 대부분 예술적 언어의 운용이 매우 자연스러워서 시조라는 형식에 갇혀 있는 느낌을 전연 의식할 수 없다.
　그의 사유와 의지는 불가능에서 가능을 보고, 부정에서 긍정을 발견하며, 항상 선하고 의롭다. 가난한 듯, 겸손한 듯 빛나는 시적 예술성을 창출해내는 것이 그의 시 세계 및 시적 형상화의 특징이라 하겠다. 한마디로 깊은 내공으로 비움이라는 완숙에 이른 시인이다.

끝으로 임만규 시인의 시조 한 수를 독자와 함께 감상하면서 글을 줄이고자 한다.

전생을 불 속에다 오롯이 던져놓고
해맑게 바라보는 넉넉한 미소에는
아픔을 겪어야 아는
삶의 얘기 숨었다.

시련을 벼리다가 우주를 보았는가
굴레를 벗어놓고 표연히 돌아서서
숫눈길 곡선을 따라
적멸의 길 찾는가.

시간이 흐르는데 무엇이 영원하랴
깊이를 알 수 없는 둥그런 가슴에는
비우고 다시 비워서
무심만이 가득할라.

「백자 白磁」 전문

■ 시인의 말

　시조는 내 안에 숨어서 살아온 것들이 하나씩 세상으로 나오는 일이다. 그런데 그 모두가 기쁘고 행복한 것만은 아니라서 때로 아프고 부끄럽고 또 그립기도 하다.

　"시는 말로 그리는 그림이다."라는 '호라티우스'의 말처럼 나는 가슴에서 꺼낸 그것들을 부족한 언어로 그리기 시작한다. 일기처럼 진실의 바탕 위에 색색의 사유를 색칠한다. 그 일은 지웠다 다시 칠하기를 반복하는 일이라서 긴 시간이 흐른다. 그렇게 새로운 나를 찾아가는 치열한 여정이 고독할 때도 있지만 역설적으로 위로의 시간이기도 하다. 그래서 느리고 힘들어도 차마 이 길을 멈출 수가 없다.

　나는 시조 시인時調詩人이란 말을 좋아한다. 서양에서 유래된 자유시의 시인과 구별하려는 말일 테지만 그러나 시의 형식이 정형이냐 자유냐의 문제일 뿐, 함축적 언어로 정서나 사상을 표현하는 시의 사전적 의미와 문학적 지향이 어찌 서로 다르다고 하겠는가.

　젊게, 짧게, 그리고 새롭게 하라는 어느 선배님의 말을 잊지 않으려 애를 써보지만 늘 부족을 절감한다. 그래서 버리고 또 버리다가 남아있는 몇을 인연이라 여기며 부끄럼 무릅쓰고 세상에 내놓는다.

두 번째 시조집이다. 첫 번째 시조집을 낸 지 4년 만이다.
부족한 작품들에 서문을 주신 이석규 교수님, 그리고 평설을 붙여주신 구충회 박사님께 깊이 감사드린다.

격려해주신 선배님, 그리고 같은 길을 걷고 있는 도반들에게 진정 감사한다.
곁에서 늘 지켜보며 후원해준 사랑하는 가족들에게 이 시조집을 바친다.

2025. 봄

■ 차례

서문: 풍금 소리 들리는 찻집 같은_이석규 ·················· 5
시인의 말 ··· 11

1부 여정

길 ··· 21
미소微笑 ·· 22
여정旅程 ·· 23
출렁다리 ·· 24
한탄강 ·· 25
고향 집 ·· 26
무인도 ·· 27
폭포 ··· 28
서울숲 나들이 ··································· 29
이명耳鳴 ·· 30
무소의 뿔처럼 ··································· 31
녹명鹿鳴 ·· 32
어느 일요일 ····································· 33
걷는다 ·· 34
하얀 길 ··· 35

2부 바람개비

인력引力 ··· 39
미소微笑 · 2 ···································· 40
바람개비 ·· 41
산장에서 ·· 42
파도 ·· 43
나팔꽃 ··· 44
별이 되다 ······································· 45
야래향夜來香 ··································· 46
시간이 된 남자 ································ 47
세월 ·· 48
4차원 ·· 49
그 찻집 ·· 50
아카시아꽃 ····································· 51
지평선 ··· 52
마지막 사랑 ···································· 53

3부 백자白磁

금강초롱꽃 · 57
미륵보살 반가사유상彌勒菩薩 半跏思惟像 · · · · · · · · · · · · · · · 58
백자白磁 · 59
박물관에 가면 · 60
고궁 야행 · 61
어처구니 · 62
은하수 너머 · 63
귀로歸路 · 64
시간여행(타임머신) · 65
후회後悔 · 66
깨어나 울지 않으려면 · 67
폐지 줍는 할머니 · 68
잠 못 이루는 밤 · 69
여명黎明 · 70
세밑에 · 71

4부 봄날이다

좋은 날 ·· 75
봄날이다 ·· 76
봄의 길목 ··· 77
입춘立春 ··· 78
봄비 ·· 79
경칩驚蟄 ··· 80
고향의 봄 ··· 81
추사秋思 ··· 82
추색秋色 ··· 83
만추晩秋 ··· 84
가을 산 ·· 85
가을의 벤치 ·· 86
눈 오는 날 ·· 87
함박눈 ··· 88
서설瑞雪 ··· 89

5부 본 대로 느낀 대로

백탑百塔의 도시 ········· 93
수용소 ········· 94
베오그라드에서 ········· 95
아바나에서 ········· 96
애니 깽 ········· 97
소금 광산 ········· 98
'보테르' 미술관 ········· 99
태양의 축제 ········· 100
벽화마을 ········· 101
등대 언덕 ········· 102
용 한 마리가 ········· 103
실크로드를 가다 ········· 104
부하라 궁전에서 ········· 105
사막에서 ········· 106
세상에서 가장 큰 그림 ········· 107

6부 세계로 가자 (번역시조)

담배 / El cigarrillo ·· 111
거울 / A Mirror ·· 112
귀뚜라미 / The Cricket ·· 113
인력引力 / Attraction ·· 114
미소微笑 / Smile ··· 115
진주眞珠 / A Pearl ·· 116
노을 / A sunset ··· 117
파도 / A waves ··· 118
야래향夜來香 / Night blooming Jasmine ······················ 119
백자白磁 / White Porcelain Jar ·································· 120
풍경風磬 소리 / The tinkling of a wind bell ················· 121
봄날이다 / A spring day ·· 122
여름밤 / A summer Night ·· 123
추사秋思 / Autumnal Thoughts ·································· 124
서설瑞雪 / Auspicious Snow ····································· 125

평설: 절제節制의 미학美學으로 본 세상___구충회 ·········· 126

1부 여정

길

초록빛 밀고 나와
철없이 재잘대다

보랏빛 꿈을 좇아
비바람 헤쳐가다

해거름 언덕에 앉아
나를 보고 웃는다.

미소 微笑

어둠을 밀며 오는
아침의 햇살처럼

겨울을 건너오는
새봄의 소리처럼

따스한 가슴의 꽃이
입술 위에 피었다.

여정 旅程

바람에 흔들려도 한사코 부여안고
산 넘고 강을 건너 오늘도 함께 간다
때로는 짐이 되다가
길도 되는 희망을.

누구라 알겠는가 우리가 가는 곳을
지금이 언제인지 여기가 어디인지
시간은 머물지 않고
별나라를 달리니.

미소는 푸르러도 언제나 가슴앓이
세월도 못 지우는 사연은 화석 되고
노을빛 곱게 내리면
여울지는 그리움.

출렁다리
-마장호수*에서

한 발짝 뗄 때마다
호수가 울렁울렁

아득한 출구 향해
허공을 걸어간다

삶이란 흔들리면서
나를 찾는 여행길.

*마장호수는 경기도 파주시 광탄면 기산리에 소재

한탄강

끝없이 용서하며 흘러온 세월이다
산하를 보듬으며 바다를 향해가는
여명의 강물 위에는
물안개가 설렌다.

뒤안길 가뭇한데, 갈 길도 아득하다
세상을 키우느라 가슴을 저민 세월
벼랑에 걸쳐놓은 채
은가람이 흐른다.

억겁을 달려와도 돌아서면 새날이다
굽잇길 바라보는 별빛도 차가운데
오늘도 서원을 안고
새벽길을 떠난다.

고향 집

일없이 꺼내 드니
가슴이 울렁인다

신작로 건너와서
산기슭 돌아서면

마당에
별이 가득한
초가집이 보인다.

무인도

해무가 물러가자 뭇별이 떠오른다
파도를 헤쳐 가며 추억이 눈을 뜨니
심연에 닻을 내리고
무인도가 솟는다.

분절된 마음 조각 벼랑에 쌓아가며
머나먼 대척점에 그리움 전하는가
아직도 못다 한 노래
바람결에 띄운다.

기대어 별을 헤던 그 밤은 멀리 있어
새하얀 가슴으로 하늘에 시를 쓰면
슬퍼도 아름다운 섬
별빛 속에 잠든다.

폭포

사는 일 무엇이고 가는 길 어디인가
모두 다 끌어안고 사자후 쏟아내며
세상을 깨우는 소리
그 노래가 절창이다.

땅에서 하늘 잇는 다리가 현현하다
승천한 하얀 언덕 오롯이 청정하니
온 길은 돌아보지 마
이제부터 자유다.

서울숲 나들이

남산이 어제처럼 동녘을 살펴보고
강물은 변함없이 서해를 향해가니
바람도 길을 멈추고
숲속에서 사운대나.

우듬지 뚫고 나온 눈 부신 햇살 한 줌
벤치의 아이들을 짓궂게 간질이니
드넓은 녹음 사이로
웃음소리 달린다.

놓고 간 사연들이 꽃피어 재롱인데
바장인 시간들은 어디로 떠난 걸까
여기서 쉬었다 가자
옛 시절이 보인다.

이명耳鳴

적막을 가르면서
우주서 오셨는가

삐이익 고막으로
들어선 낯선 손님

가시라 하지 못하고
친구처럼 함께 산다.

무소의 뿔처럼

어릴 적 꿈을 싸서 보자기 움켜쥐고
무던히 참아가며 앞으로 또 앞으로
세상을 돌고 돌아서 해거름에 섰구나.

기적은 기다려도 아직도 오지 않아
자신이 기적이란 위로에 웃으면서
시간을 세울 수 없어 내가 멈춰 서 있다.

황혼이 가까운데 할 일이 남았구나
서둘러 가야 한다 두고 온 날 찾으러
혼자서 무소의 뿔처럼
뒤돌아서 달린다.

녹명鹿鳴

여기에 풀이 있다 목청껏 소리친다
마음이 급해져서 긴 목도 세워보는
세상에 더 아름다운
울음소리 있을까.

다른 이 배려하면 그이가 내가 되는
아직도 멀기만 한 우리들 가슴에선
언제쯤 울 수가 있나
사슴처럼 미쁘게.

어느 일요일

아저씨 세상 떠나 홀로된 이웃집서
한밤중 전화 왔다, 청심환 있느냐고
가슴이 떨린다면서 울먹이는 목소리.

일요일 저녁이라 어디로 가야 할지
편의점 달려가서 비상약 살펴보니
홀연히 화작化作 나투어 야간 약국 알려준다.

발걸음 재촉하며 가로등 헤쳐 가니
등댓불 깜박이듯 녹십자 선연하다
삶이란 간절한 소망 명멸하는 여정인가.

두 개를 사들고서 마음은 화살처럼
보일 듯 멀어지는 그 집을 향해간다.
운명은 택할 것이다
기적 같은 하루를.

걷는다

어릴 적 하루거리* 하늘이 빙빙 돌아
방문을 붙잡고서 앉았다 일어섰다
꿈길을 걷고 걸어서
세상으로 나왔다.

어디서 만났을까 불청객 코로나를
목구멍 뜨거우니 온몸이 안절부절
오로지 참아내는 일
계속해서 걷는다.

*하루거리: '학질' 말라리아모기에게 감염, 높은 열이 나고 하루씩 걸러서 앓는 병.

하얀 길
-TV 슬픈 뉴스

"어머니 저 왔어요" 침묵만 흘러가고
선한 눈 옅은 미소 속세를 떠난 표정
요양원 섬망 할머니
난처한가, 누구신지?

코로나 막아섰다 열어준 가족 상봉
기억을 지웠으니 슬픔도 지웠을까
하얗게 추락한 정신
헤설프게 웃고 있다.

가족을 몰라보고 나이도 잊은 채로
육신만 가고 있는 그 길도 꽃은 피리
모두 다 태워버리고
걷고 있는 하얀 길.

2부 바람개비

인력 引力

우주의 입자들이
쉼 없이 파동치고

우리의 가슴에도
정념이 물결치니

밤하늘 별이 나오면
그리움도 뜨는가.

미소微笑 · 2

나비잠 깨어나는
아기의 눈짓으로

초록빛 호숫가에
봄날의 설렘으로

살며시 세상을 열며
꽃잎처럼 웃는다.

바람개비

호젓한 산마루는 바람의 놀이터다
갈맷빛 숲의 바다 정령을 불러내어
날개를 마주 잡으며
빙글빙글 달린다.

얼마나 더 돌아야 소원이 이뤄질까
설레는 꿈 하나를 세월에 걸쳐놓고
평생을 따라가면서
숙명이라 웃는다.

세상에 어느 누가 그리움 없겠는가
혼자서 못 간다며 한사코 돌아보는
사랑은 불멸의 바람
비익조가 날고 있다.

산장에서

별들도 스러진 밤
객창 문 두드린다

바람이 쉬지 않고
애원하며 졸라대니

못 견뎌 하마터면은
열뻔했다, 임일까.

파도

바람을 그리려다 하늘을 그려놓고
슬픔을 풍화시킨 바람꽃 사연들이
오늘도 수평선에서
가쁜 숨을 고른다.

이루지 못한 사랑 아파도 아름다워
웃어도 울고 있는 사연은 누가 알까
참아도 넘치는 포말
가슴에서 부서진다.

집착도 두려움도 버려야 자유란다
끈질긴 그리움을 심연에 내려놓고
잊으리 하얗게 잊으리
일렁이며 달린다.

나팔꽃

풍상이 막아서도
한사코 길을 걸어

담 위에 펼쳐놓은
진홍빛 가슴인데

해님은 바라만 볼 뿐
서산마루 넘는다.

별이 되다

과수원 꼭대기에 땅거미 내려오고
밤하늘 가득하게 보석이 뿌려지니
수줍게 어깨 기대며
별나라로 떠나던.

목동의 이야기가 은하를 내달리다
아가씨 눈망울이 혜성을 따라가다
손깍지 가슴 설레며
깊어가던 여름밤.

저긴 너 옆에는 나, 우리는 별이 되어
시간이 흘러가도 다른 길 걸어가도
순결한 도데*별처럼
지금까지 떠 있다.

*알퐁스 도데(1840.5~1897.12)는 프랑스 작가, 그의 소설 중 「별」은 한
 국의 교과서에도 오랫동안 실렸다.

야래향 夜來香

갈매기 날개 끝에
노을이 실려 가면

가슴을 불태우는
그리움 꺼내 들고

이 밤도
달빛에 젖어
승천하는 향기여.

시간이 된 남자

볼 수도 만질 수도 느낌도 없는 것이
핵폭탄 터진대도 오로지 흘러가는
오늘도 최후의 승자
쉬지 않고 달린다.

초신성 폭발하니 원소들 흩날리다
민들레 꽃씨 되어 지구로 날아오니
별들은 생명의 고향
잊지 말라 반짝인다.

우주가 팽창하면 뭇별도 멀어진다
언젠가 멈춰 서면 태초로 돌아오리
시간에 묻힌 그 약속
기다리며 서 있다.

세월

내 노래 길을 잃어
하늘을 떠돌다가

지금쯤 당신에게
힘겹게 닿았으리

그래도
참 다행이야
떠나기 전 이라서.

4차원

시간을 접고 접어
광속*으로 날아가면

과거랑 현재 미래
한곳에 모였으니

이별은
전설이 되고
그리움도 없겠네.

*빛의 속도로 달리는 4차원의 세계

그 찻집

고샅길 넘어가는 산속의 찻집에는
창가에 풍금 하나 다소곳이 기대있어
행여나 뉘라서 앉아
외로움을 열어볼라.

언덕 위 야생화가 풋내음 터트리고
솔숲에 바람 소리 추억을 일으키면
찻잔에 넘치는 다솜
내 가슴도 열어볼라.

아카시아꽃

만났던 그 날처럼
하얗게 웃음 짓다

떠나간 모습 찾아
바람을 따라가다

꽃향기
베고 잠드니
그 얼굴이 설핏하다.

지평선

눈으로 볼 수 없는
아득한 저 너머에

새로운 세상들이
태연히 펼쳐지듯

당신도 지평선 있나
마음속이 안 보여.

마지막 사랑

당신을 보냅니다
당신이 원하시니

밤새워 눈이 내려
서러움 눈에 묻고

내가 줄
마지막 사랑
이별밖에 없어서.

3부 백자白磁

금강초롱꽃

오대산 적멸보궁
산길에 들어서니

연초록 종소리가
총총히 들려온다

속세가 멀어지는가
꽃향기가 앞서간다.

미륵보살 반가사유상 彌勒菩薩 半跏思惟像*

미래를 기다리는 도솔천 임이신데
천의에 보관 쓰니 드높고 장엄하다
사유가 깊어 가시니
그 모습이 청정하다.

어디를 보시는가 고요히 반가한 채
업장이 무거우면 순간에 놓으라며
반야를 이르시는가
침묵 웅변 간곡하다.

무엇을 보시는가 천년을 하루같이
사바를 살피시고 무명을 사위라며
피안을 나투시는가
자비 미소 그윽하다.

*금동 미륵보살 반가사유상(金銅彌勒菩薩 半跏思惟像)은 6세기 후반 삼국시대 대표적인 불상이라고 할 수 있다. 석가모니불에 이어 중생을 구제한다는 미래부처다. 국보 제78호로 높이 93.5cm이며 서울시 용산구 국립중앙박물관 '사유의 방'에 소장돼있다.

백자白磁

전생을 불 속에다 오롯이 던져놓고
해맑게 바라보는 넉넉한 미소에는
아픔을 겪어야 아는
삶의 얘기 숨었다.

시련을 벼리다가 우주를 보았는가
굴레를 벗어놓고 표연히 돌아서서
숫눈길 곡선을 따라
적멸의 길 찾는가.

시간이 흐르는데 무엇이 영원하랴
깊이를 알 수 없는 둥그런 가슴에는
비우고 다시 비워서
무심만이 가득할라.

박물관에 가면

과거의 시간들이 무구히 바라본다
순정한 영혼들이 저마다 미소 지며
긴 세월 참아온 얘기
하나하나 펼친다.

하늘을 우러르며 빚어낸 청잣빛이
슬픔을 해맑갛게 씻어낸 백자 빛이
고요서 건져 올린 넋
시조처럼 순결하다.

격랑의 역사 속을 면면히 이어져 온
민족의 얼과 숨결 꽃피어 눈부시니
"과거는 미래의 거울"
우리 앞날 양양하다.

고궁 야행
-창경궁

옥천교* 건너가니 고즈넉한 구중궁궐
높다란 문설주에 단정한 꽃살 무늬
뉘라서 밤을 밝히나
어둠 뚫는 저 불빛.

애증의 그림자는 일월도 서성이고
충절의 표상들은 시비가 분분하니
질곡의 역사 편린들
갈피마다 얼룩져.

고래로 세상일은 민초만 서러운가
가없는 야욕들이 초심을 잃었으니
하현달 전각 비켜서
인간사를 훑긴다.

*창경궁 옥천교는 1484년(성종 15년)에 건설되었고. 보물 제386호로
 궁궐 다리 중에 원형이 가장 잘 보존된 상태

어처구니*

은가비 열사흘 달 앞산에 걸렸는데
툇마루 가운데로 맷돌이 올라온다
고부가 마주 앉으며
어처구니 잡는다.

당겼다 밀어주며 빙글빙글 하나 되니
대두도 허물 벗고 하얗게 환생한다
에미야 친정 댕겨와라
가을밤이 젖는다.

철없는 손자 손녀 저리도 즐거울까
웃음에 노랫소리 초가집 들썩인다
추석아 어서 오너라
어화둥둥 달 크거라.

*어처구니는 맷돌을 돌리는 손잡이

은하수 너머

태초에 점 하나가 너무나 외로웠나
무작정 뛰쳐나가 한없이 달리더니
시간을 창조해가며
공간까지 만들어.

암흑의 세상에는 별 무리 심어지고
기적에 기적 더해 뭇 생명 탄생하니
한 생애 찰나라 해도
영원처럼 살아가.

억겁을 쌓아가며 미지를 마련하니
우리가 가는 곳이 저 너머 아닐는지
가슴에 작은 가슴에
밤하늘을 담는다.

귀로歸路

이 길은 어디 가나 곰곰이 생각하다
쭉 가면 하늘일라 여기서 쉬어가자
멈춰서 돌아다보니
노을빛이 곱구나.

모두가 오고 있네, 아이도 저 멀리서
여기는 외길인가 일렬로 걸어오니
병사가 휴가 마치고
귀대하는 길처럼.

시간여행(타임머신)

찰나에 도착하니 세상이 바뀌었다
지구를 버리고서 우주선 탑승하는
혼자만 잘사는 세상 찾아가는 군상들.

욕망의 비극일까 필연의 종말인가
천연색 빛을 잃어 산하가 가뭇해진
자연과 싸워서 이긴 어리석은 승자들.

첨단의 과학 문명 풍요의 물질문명
찬란한 금자탑은 어디로 사라졌나
이럴 줄 내 알았다고 이기적인 인간들.

어떻게 알려주나 미래의 현재들을
자식을 위한다면 탐욕을 멈추라고
문명도 부질없는 것
내일이면 늦다고.

후회 後悔

분노가 눈을 가려
마음이 빙점 됐다

멀리 와 돌아보니
가없이 안타까워

순간을 이기지 못해
잃어버린 사람들.

깨어나 울지 않으려면
-카나로니아 찬가*

무슨 일 일어나나 모두가 알고 있다
두렵고 무서워서 맞서지 못하지만
그래도 외면한다고
사라지지 않는 일.

이제는 마주 서서 당당히 이겨야 해
그것이 운명이며 의무고 자존이야
깨어나 울지 않으려면
어서 빨리 나서라.

---

*《카탈로니아 찬가》는 「조지 오웰」의 작품. 그는 공산주의를 우화로
 그려낸 《동물농장》의 작가다.

폐지 줍는 할머니

샛별이 돌아가는
차가운 골목길에

손수레 끌며 가는
등 굽은 할머니가

허기진 시간 위에다
행복 한 장 싣고 간다.

잠 못 이루는 밤
-미망迷妄

기억을 꺼내려는 처연한 눈동자는
죽음이 두려운가 망각이 두려운가
온전한 삶은 무엇인지
세월에게 묻는다.

머릿속 한구석에 허락 없이 살아가는
불청객 기시감은 정체가 무엇인가
신神이란 누가 만들었나
역사에게 묻는다.

멈춰서 질문하고 고요히 생각해도
언제나 수수께끼 시간만 흘러간다
바른길 가고 있느냐
자신에게 묻는다.

여명 黎明

시간을 세지 않고 의연히 기다리면
칠흑을 밀어내며 새벽을 맞으련만
악몽이 너무나 긴 밤
어서 빨리 가거라.

암흑의 임계점에 어스름 다가서며
눈부신 아침햇살 서둘러 준비할 때
초인이 어둠 헤치며
걸어오는 발소리.

어둠을 보내고서 겨울도 지나가면
새봄이 장강처럼 도도히 흘러와서
약속한 희망의 나라
이 땅 위에 펼쳐라.

세밑에

어디쯤 와있는가 어디로 가고 있나
분주히 달려와도 또다시 그 자리네
시간만 흘러가는데
아직까지 나 누군지.

인생의 주연인가 아니면 조연인가
저무는 언덕에서 온 길을 돌아보니
그래도 위대한 여행
풍랑을 넘었으니.

한 해를 보내면서 꿈들이 아련한데
점점이 다가오는 불빛이 현현하다
시작이 늦은 때는 없다
내일부터 시작이다.

4부 봄날이다

좋은 날

바람과 함께 걷는
3월의 호숫가에

참았던 속울음이
목울대 빠져나와

새 세상 시작이라고
초록빛을 흔든다.

봄날이다

바람이 불어오는 호숫가 길섶에는
실버들 초록빛이 물 위로 떨어지고
산수유 꽃눈 사이로
노란색이 웃는다.

찾아온 봄을 보라 무얼 더 바라는가
눈부신 초목마다 기적이 달렸으니
이렇게 보는 것만도
행복하지 않은가.

봄의 길목
　　-올림픽공원

초록빛 명지바람 토성을 에두르니
평화의 광장으로 새봄이 걸어온다
마중 온 나들이 시민
얼굴마다 꽃물이다.

눈부신 한낮 햇살 초목을 애무하니
미선화* 은빛으로 길마가지** 금빛으로
수줍게 가슴을 열고
누이처럼 웃는다.

*미선화(尾扇花)는 물푸레나뭇과. 미선나무속에 속한 유일한 나무이다. 한국에서만 자생하는 고유종, 키는 1~2m가량이며, 흰색 꽃이 3~4월에 피고, 천연기념물로 지정돼 보호받고 있다.
**길마가지는 낙엽 떨기나무이다. 높이 1~3m이다. 잎자루는 짧고, 거친 털이 난다. 꽃은 3~4월에 잎보다 먼저 잎겨드랑이에 2개씩 피며, 노란빛이 돈다. 우리나라 전역에 자생한다.

입춘 立春

새봄의 마중물이
대문 앞 다가서니

동장군 서둘러서
집 떠날 채비 한다

꽃바람 들어오는 날
새 역사가 서리라.

봄비

밤새워 창가에는 은구슬 데굴데굴
목마른 대지 위로 꿀 젖이 흘러가니
미소가 절로 나오고
가슴마저 뜨겁다.

기다린 봄이 왔다 마음껏 웃어보자
어제는 묻어두고 내일을 향해가자
그들을 모두 잊고서
초목이여 약진하라.

경칩驚蟄

해 종일 바람 불어 심술궂은 봄날인데
매화가 가지 끝에 꽃망울 내밀면서
그게 뭐 대수냐면서
물 올리는 저 소리.

얼마나 기다렸나 어둠이 물러가길
거짓은 사라지고 진실이 찾아오니
빼앗긴 봄도 돌아와
다가오는 저 소리.

고향의 봄

진달래 붉은 애원
능선에 펼쳐지면

시집간 누이처럼
괜스레 울먹이는

떠나온
고향 뒷동산
수채화로 멈춰선.

추사 秋思

소매 깃 파고드는
바람이 소슬하니

그리운 친구 모습
단풍에 여울지고

잘 가라 하지 못한 말
갈대처럼 서럽다.

추색秋色

세상을 바꾸려는 바람이 불어온다
채색된 사유들이 호숫가 물들이고
계절을 건너온 사연
물비늘로 흐른다.

못 지운 그림자를 무심히 바라보다
슬며시 붉어지는 철없는 그리움이
갈맷빛 벤치에 앉아
소매 깃을 잡는다.

해거름 산정에는 하나씩 떠나는데
소묘의 고샅길엔 아직도 쌓여가나
길 잃은 물새 한 마리
세월 비껴 날고 있다.

만추晩秋

누구도 믿지 못해
씨앗은 땅에 묻고

가을이 떠나간다
명년 봄 준비하러

낙엽이 지는 사이로
새 세상을 꿈꾸며.

가을 산

세상은 가득해도
머리를 비워가니

세상사 멀리 있어
발길이 고요하다

번다한 열기를 빼낸
단풍잎이 웃는다.

가을의 벤치

지난밤 무서리가 겨울을 재촉하니
적황의 단풍들이 길 떠날 채비 한다
그 길을 먼저 떠나간
친구 녀석 어디쯤.

모습이 뜨악하니 시력도 가뭇해져
초점을 잃은 채로 허공에 던지는 말
'인생은 배우기 전에
살아가는 희극 야.'

연민을 끝내자고 가슴을 비웠는데
낙엽을 다 껴안고 흐르던 갈바람이
그리움 다시 밀고와
벤치 위에 쌓는다.

눈 오는 날

새하얀 나비처럼 군무하는 창밖으로
길 떠난 친구 녀석 찾아와 서성인다
조금만
기다리면 돼
나도 지금 가는 중야.

뒤안길 저 너머에 서 있는 그 녀석은
세월이 흘러가도 언제나 청춘이다
점점 더
또렷해지는
그 미소가 아프다.

함박눈

함박눈 포슬포슬 창가에 내리는 밤
추억이 되지 않은 사랑이 찾아와서
허공에 미소를 짓다
가슴으로 내린다.

갓 등이 지새우는 화양리 골목길엔
세월이 흘러가도 언제나 눈이 와서
그 밤은 전설이 되고
그리움만 쌓는다.

서설 瑞雪

밤새워 거짓말을
하얗게 지웠으니

간직한 새해 꿈을
마음껏 그리라며

동살이 지붕 위에서
눈부시게 웃는다.

5부 본 대로 느낀 대로

백탑百塔의 도시
-체코 프라하

전설이 살아가는 붉은 색 지붕 위로
뾰족 탑 하늘 향해 키 재기 한창인데
시간이 그대로 멈춘 중세도시 프라하.

하늘의 시간들을 한곳에 모아놓은
하누슈 천문시계* 인형의 메시지는
'너희들 죽음의 시간 얼마 남지 않았다.'

블타바 거센 물결 막아선 카를교**에
나그네 사로잡는 집시 노래 고혹한 밤
성인聖人들 긴 그림자가 강물 위에 잠든다.

*천문시계는 프라하 구시청사 건축물. 1490년 하누슈(Hanus)라는 시계공이 제작. 시간과 천체의 움직임, 12개월의 달력이다.
**카를교는 유럽에서 가장 아름다운 다리로 칭송받는다. '블타바강' 위에 놓인 다리로 바로크 시대 예술조각품 30개가 서 있다.

수용소
-폴란드 아우슈비츠*

구호는 거짓이고 공포의 그림자만
핏빛의 석호처럼 절망적 나락이다
생존은 오로지 굴복 비인간화 실험장.

하루는 기적이고 머뭇대면 죽음이라
예별에 침묵하고 기도도 생략할 때
떠나는 영혼의 꽃잎 굴뚝 위에 피었다.

고결한 미덕보다 불순물 자처하고
고독도 사치라서 본능만 따라간다
삶이란 다양성이니 부끄러움 접는다.

내가 날 버린다면 나 위해 누가 사나
숨겨진 이야기들 살아서 증언해야
마지막 남은 자존심 철조망을 넘는다.

*1940년 히틀러가 아우슈비츠에 첫 번째 수용소를 건립했다. 가스로 유대인들을 처형한 목욕탕, 시체 보관실, 화장장 등을 갖춘 대규모 집단 처형소다.

베오그라드*에서
-세르비아

도나우와 사바강이 만나는 하얀 마을
시인과 보헤미안 낭만의 거리에는
역사를 웅변하는가 옛 모습이 창연하다.

옥수수 해바라기 대 평원 물결치고
정겨운 농가들이 다소곳이 앉았는데
어이해 이 땅 위에서 세계대전 시작했나.

불발탄 청사 박힌 얼룩진 질곡 역사
용맹도 부질없다 승리면 무엇 하랴
강물은 유유히 흘러 인간사를 흘긴다.

*베오그라드는 세르비아 수도. '하얀 마을'이란 뜻으로 발칸반도의 가장 큰 도시다. 역사적으로 민족, 종교의 수많은 분쟁을 겪었고, 제1, 2차 세계대전과 '코소보'전쟁의 중심에 있던 도시다. 때문에 세르비아는 "발칸의 화약고"라고 불린다.

아바나*에서
-쿠바

카리브 붉은 장미 혁명의 광장에는
'승리의 그 날까지' 구호가 선명하다
빈부는 부질없다고
오직 하나 평등 세상.

모이또 한 잔으로 슬픔을 달래보고
관타나 여인에게 사랑을 노래하면
꿈조차 잃어버리니
여기 바로 지상낙원.

*아바나(Havana)는 쿠바의 수도.

애니 깽*
-쿠바

수평선 소실점에 별들이 떠오르면
하늘 밑 끝자락에 고향이 숨어있어
밤마다 따가운 상처
톺아오는 그리움.

바다를 건너올 때 못 태운 울음인가
열사의 땅 위에서 잉걸불 타오르니
'에니 깽' 생존의 역설
전설처럼 설핏하다.

*'애니 깽'은 술의 원료인 용설란이다. 1921년 가난을 벗어나려고 해외로 이민을 떠난 우리 선조들이 있었다. 그들이 도착해 일했던 용설란 농장은 가시가 많아서 찔리며 아픈 상처를 안고 고달픈 삶을 살았다. 그래서 멕시코, 쿠바의 그들을 '애니 깽'이라 부른다.

소금 광산
-콜롬비아

어머니 젖을 찾는
원초적 몸짓으로

억겁을 뚫고 가니
생명의 시원인가

섭리는 영원한 자비
드러내지 않아도.

'보테르'* 미술관
-콜롬비아

빙그레 웃다 보니 가슴이 봄날이다
뚱뚱한 아저씨가 왜 이리 정다울까
화가는 그림 속에다
행복까지 색칠하나.

창작은 고독해도 희망이 눈부시다
가면에 숨어있는 아픔이 예술일까
자신을 먼저 태워야
다른 이가 바라보는.

*페르난도 보테르는 1932년 콜롬비아 안데스산맥의 산속에서 태어났다. 어려서부터 그림을 잘 그렸다. 초기표현주의 기법과 피카소작품을 접했다. 유럽으로 떠나 유명화가들의 그림을 접하며 안목을 키웠다. 과장된 인체비례와 뚱뚱한 그림을 그려 세계적인 화가가 됐다.

태양의 축제*
-페루 쿠스코

태양신 불을 안고 땅으로 내려오니
오래오래 머물라며 기둥에 묶어놓고
인디오 불꽃이 되어
노래하고 춤춘다.

언제나 우러르는 고향은 태양이라
빛에서 태어나서 빛으로 돌아가니
뜨겁고 더 없이 맑은
하짓날은 생명이다.

*태양의 축제는 페루 쿠스코와 마추픽추 등에서 6월 21부터 하짓날 즈음 약 10일간 열리는 축제로 남아메리카 3대 축제 중 하나다.

벽화마을
-칠레 발파라이소*

누구를 기다릴까 얼마나 되었을까
허공에 쌓은 세월 고향에 걸어놓고
이사 온 모아이 석상
친구들이 그립다.

담장이 화폭이다 층계도 현란하다
청초한 꽃이 피고 누드화 요염해서
발걸음 멈춰선 언덕
햇살마저 살갑다.

*발파라이소는 칠레 수도 산티아고 북서쪽 140㎞ 지점에 있어, 태평양 쪽의 넓고 탁 트인 경관을 접하는 해안 도시다. 도시 대부분이 1906년의 대지진으로 파괴된 뒤 재건되었으나, 1971년에 일어난 지진으로 다시 큰 피해를 보았다. 주거지는 언덕에 있으며 골목마다 벽화다.

등대 언덕
-칠레 남단에서

세상 끝 남극에서 떠나온 바람 안고
바닷길 일러주는 언덕 위 빨간 거인
선악을 구별치 않고
모두모두 살핀다.

해조음 자장가로 낮에는 꿈을 꾸고
칠흑빛 어둠에는 별처럼 반짝이며
수평선 끝까지 달려
생명의 길 알린다.

용 한 마리가
-싱가포르

새하얀 머라이언* 바다길 바라보며
사자후 쏟아내는 물기둥이 현묘하다
밤낮을 마다치 않는 그 열정이 축복이다.

아시아 용 한 마리 섬에서 머물다가
속세를 벗어놓고 마침내 승천하나
물에 뜬 마리나 베이 샌즈** 그 서기가 눈부시다.

망망한 바다에다 큰 산을 옮겨놓고
시간을 다듬어서 쌓아온 저 금자탑
불빛은 잠들지 않고 오대양을 넘는다.

*'머라이언'은 싱가포르의 상징으로 머리는 백사자. 꼬리는 흰 물고기의 형상, 나라 이름과 생업인 어업과 해운업에 기인하는 동물이다.
**'마리나 베이 샌즈'는 싱가포르 랜드마크로 5성급 호텔이다. 인공으로 간척지를 만들고, 그 위에 건설했다. 55층 위에 배 모양 건축물은 수영장과 공원. 건설사는 한국의 '쌍용건설'이다.

실크로드를 가다
-우즈베키스탄

염천에 졸고 있는 목화밭 평원 지나
무채색 모래언덕 아련한 전설 속을
열차로 변신한 낙타 신명 나게 달린다.

녹색에 자유 담아 모스크 세워놓고
금색에 소원 실어 영생을 빌었으니
그 공덕 하늘에 닿아 천국으로 들었을까.

시간도 멈추어 선 사마르칸트* 벽화 속에
고구려 사신들이 홀연히 다가선다.
먼 길을 달려와 만난 세월 저편 나일라.

*'사마르칸트'는 중앙아시아 우즈베키스탄 중심부에 있는 도시이며, '부하라'와 함께 실크로드 하면 떠오르는 도시이다. 약 4천년 전부터 인류가 활동한 것으로 보인다. 현재 남은 중앙아시아의 도시 중 가장 오래된 도시로, 도시 전체가 유네스코 세계문화유산에 등록돼 있다.

부하라* 궁전에서
-우즈베키스탄

신에게 닿으려나 끝없이 톺아가며
허공을 관통하는 가뭇한 탑 하나가
세월에 길을 내면서 지금까지 솟고 있다.

동서의 선인들이 오고 간 회랑에는
짐을 진 그림자가 바람처럼 알씬하다
아직도 버리지 못해 잡고 있는 미혹인가.

어제와 나눠보는 오늘의 대화에서
역사는 거듭돼도 진리는 간결하다
시간이 삼켜버리니 그 모두 허상이라.

*'부하라'는 우즈베키스탄 남부에 있는 도시로, 예부터 실크로드의 중심지로 번영했던 도시다. 기원전 4세기의 고대 문화에서부터 17세기 중세 문화까지 2,500년의 역사가 쌓인 도시이다. 구시가지 전체가 유네스코 세계문화유산으로 등록돼 있다.

사막에서
-페루 와카치나*

참으로 멀리 왔다 그래도 가야 한다
눈앞이 황량하니 나도 곧 사막 되나
세상은 열려있어도 길 찾기는 어렵다.

욕망은 신기루라 꿈처럼 뒤척이고
먼 길을 걸어가면 추억도 짐이 되나
가슴이 너무 기름져 발걸음이 무겁다.

여기서 실종되면 세상은 끝이 난다
마음을 열어야지 모래에 갇히려나
버리고 모두 버리고 가족 찾아 걷는다.

*와카치나는 페루 남부의 이카시내에서 약 5km 정도 떨어진 곳에 있다. 시내와는 완전히 다른 분위기로 비현실적으로 느껴지는 사막과 고운 모래언덕이 있으며, 거대한 야자수들로 둘러싸여 있는 오아시스가 있다.

세상에서 가장 큰 그림
-페루 나스카라인*

먼 하늘 날아와서 구름을 옆에 끼고
왜일까 누구일까 사막을 살펴보니
세월도 지우지 못한 지상화가 선연하다.

사람은 볼 수 없고 하늘만 볼 수 있는
가없는 선의 끝에 꽃 등대 세워놓고
행여나 길 잃으실까, 오실 날만 기다리나.

미리내 가득한 밤 언약이 있었으리
먼 훗날 큰 새 타고 이 땅에 내려와서
그림에 생명을 넣고 지상낙원 만들이라.

*나스카라인은 페루 나스카시 북쪽 자갈사막 평원에 그려져 있는 거대한 그림을 말한다. 직선 800개, 삼각형·나선형과 같은 기하학적 문양이 300개 이상, 우주인·새·원숭이·거미·꽃 등의 형상이 70여 개 그려져 있다. 그림이 커서 지면에서는 모양을 판독하기 힘들고 공중에서만 알아볼 수 있다. 유네스코 세계문화유산이다.

6부 세계로 가자

-시조가 세계문학 되는 그날까지

번역 시조

■ **번역**

스페인어 / 한국문인협회
영어 / 한국문인협회
   Mark Arlen Peterson
   이정자 박사
   김달호 박사

담배

더듬어 입술 끝에
슬며시 꽂아 넣고

가슴을 대신해서
고독을 태워내면

사연은 타래를 풀며
시간 속을 나는가.

El cigarrillo

El cigarro colocado
al borde de los labios

sustituye el corazŏn
abrasa la soledad

Su humo, largas historias
que surcan el tiempo.　　　　　　(스페인어)

거울

왜 이리 부끄럽지
마주 서 바라보면

조금은 당황하지
속마음 들켰을까

서둘러 거짓을 지우고
세상으로 나가란다.

A Mirror

Why am I so bashful
when I look in the mirror?

I become embarrassed,
as if it knows what's on my mind.

It urges me to erase the lies
and step into the real world.

귀뚜라미

숨죽여 기다리다
한여름 보내고야

가을밤 뚫어가며
전하는 공명共鳴인가

찌르르 애원의 노래
임께서도 들으시나.

A Cricket

The Cricket holds its breath
And waits for a long summer night.

Does its resonance penetrate
Even through the autumn nights?

Chir, Chir, Chir—its song of supplication.
My love, can you hear it, too?

인력 引力

우주의 입자들이
쉼 없이 파동치고

우리의 가슴에도
정념이 물결치니

밤하늘 별이 보이면
그리움도 뜨는가.

Attraction

Particles in the universe
pulse without rest.

In our youthful hearts, too,
passion ripples inside.

When we gaze at the stars in the night sky,
does longing arise as well?

미소微笑

어둠을 밀며 오는
아침의 햇살처럼

겨울을 건너오는
새봄의 소리처럼

따스한 가슴의 꽃이
입술 위에 피었다.

Smile

Like the bright morning sun
pushing through the darkness,

Like the gentle whisper of spring
melting away the winter,

A flower of a warm heart
blooms on rubicund lips.

진주眞珠

표정은 초연해도
가슴은 바다 심연

달래며 쓰다듬은
천형天刑의 세월이여

슬퍼서 아름다운가
은빛 푸른 사랑아.

A Pearl

Though you seem perfectly aloof,
your heart remains an abyss.

A time of divine punishment,
a touch of soothing comfort.

Your beauty, shaped by sorrow's tale—
a love silvery and blue, forever.

노을

금 비늘 긴 가르마
수평선 달려와서

가슴을 헤집고는
화살처럼 박히었다.

세월도 빼내지 못해
혼자 익는 그리움.

A sunset

Golden scales part long strands of hair,
racing toward the horizon.

It tears through my chest
and pierces like a swift arrow.

A yearning—
it cannot be taken away,
but ripens evermore, alone.

파도

바람을 그리려다
하늘을 그려놓고

슬픔을 풍화시킨
바람꽃 사연들이

오늘도 수평선에서
가쁜 숨을 고른다.

A wave

When I tried to draw the wind,
I found myself painting the sky.

Windflowers whisper stories,
weathered by sadness.

At the horizon, once again today,
I take a deep breath.

야래향 夜來香

갈매기 날개 끝에
노을이 실려 가면

가슴을 불태우는
그리움 꺼내 들고

이 밤도
달빛에 젖어
승천하는 향기여.

Night blooming Jasmine

As the sunset is carried away
on the tips of a seagull's wings,

it stirs the longing
that burns within my heart.

This night, too, soaked in moonlight,
dreams of a scent ascending.

백자白磁

전생을 불 속에다
오롯이 던져놓고

해맑게 바라보는
넉넉한 미소에는

아픔을 겪어야 아는
삶의 얘기 숨었다.

White Porcelain Jar

Though you were thrown into the fire,
you endured an unbearable heat.

Yet you emerge, bright and untamed,
your smile is generous and pure.

Another life—
a hidden story,
forged only through pain.

풍경風磬 소리

심연서 건져 올린
청아한 노랫소리

처마를 내려와서
나그네 에두르니

번뇌도 길을 비켰나
발걸음이 푸르다.

The tinkling of a wind bell

A clear, singing voice rises
from the depths of the abyss,

drifting down from the eaves,
embracing the weary traveller.

Agony fades into the distance,
and each step remains evergreen.

봄날이다

바람이 불어오는
호숫가 길섶에는

실버들 초록빛이
물 위로 떨어지고

산수유 꽃눈 사이로
노란색이 웃는다.

A spring day

Along the grassy path by the lakeside,
where the morning breeze gently blows,

willows don fresh green leaves,
their branches dipping into the water.

cornelian cherry buds smile,
spreading like wildfire through the town.

여름밤

반딧불 파란불이
싸리문 드나들면

풍뎅이 홀홀 날고
풀벌레 찾아들던

천애天涯*의 그 밤을 찾아
눈을 감고 떠난다.

A summer Night

As the firefly's blue glow flickers
through the bush clover gate,

a scarab takes flight into the night,
while grass bugs hum all around.

At the sky's edge, I close my eyes,
searching for that distant night,
longing to see it once more.

추사 秋思

소맷깃 파고드는
바람이 소슬하니

그리운 친구 모습
단풍에 여울지고

잘 가라 하지 못한 말
갈대처럼 서럽다.

Autumnal Thoughts

A chilly wind slips
through the collar of my sleeves.

The face of a dear friend I miss
drifts like autumn leaves.

I never said goodbye,
and now sorrow sways in me
like a lone reed in the wind.

서설瑞雪

밤새워 거짓말을
하얗게 지웠으니

간직한 새해 꿈을
마음껏 그리라며

동살이 지붕 위에서
눈부시게 웃는다.

Auspicious Snow

All my lies are erased in white,
cleansed through the hush of night.

Draw your cherished New Year's dreams,
shaped to fit your heart's true longing.

The dawn's golden light,
resting atop the rooftops,
smiles dazzlingly upon me.

■ 평설

절제節制의 미학美學으로 본 세상
― 임만규 시조의 서정성과 형이상학적 탐색

구충회(시조시인, 문학박사)

1. 여는 말

임만규 시인은 시조 문학계에 혜성처럼 나타난 기린아麒麟兒이다. 2019년 '운곡시조백일장'을 통해 등단하고 1년 만에 전국 시조시인을 대상으로 한 '모상철시조문학상'에서 대상의 영예를 거머쥐었기 때문이다.

필자가 임만규 시인을 처음 만난 것도 이때쯤으로 기억되는데, 보는 순간 남다른 느낌을 받았다. 균형 잡힌 안면에는 화풍난양和風暖陽에 춘풍화기春風和氣가 감돌고 있었다. 단정한 옷차림에 일거수일투족 경솔함이 없었으니, 잘 다듬어진 식자識者의 모습이라 누구라도 한번 보면 호감을 느끼기에 충분한 인상이었다.

『신당서新唐書』「선거지選擧志」에 이르길, "무릇 사람을 고르는 방법에 신언서판身言書判이란 게 있는데, 첫째가 몸이니, 사람의 용모를 뜻하고, 둘째는 말씨니, 말이 반듯하고 논리가 정연해야 하며, 셋째는 글씨니, 필법이 바르고 필체가 아름다워야 하고, 넷째는 판단력이니, 이치를 따지는 사리 분별이 정확해야 한다."라는 것이다. 임만규 시인이야말로 신언서판의 전형典型이 아닌가 싶었다.

임만규 시인은 첫 직장 대한항공에서 형님이 창업한 '동화출판공사'로 전직해 장기간 출판업에 종사해왔다. 대표이사를 역임하는 등 27년이란 긴 세월이었다. 그 후 음악전문 출판사인 '청음사'를 창업해 15년 동안 정열을 쏟아부었다. 무려 42년이란 긴 세월을 오직 출판인으로 살아오면서 1천여 권의 책을 기획하고 제작했으니, 한국 출판계의 산증인으로 우리 출판업의 발전에 지대한 공헌을 한 분이다.

임만규 시인은 문학의 전 장르에 관심을 가지고 있다. 학창 시절에는 소설가가 되는 게 꿈이었다. 그래서 「길」이란 단편소설을 남기고 있지만, 아직 그 꿈은 진행중이다. 2017년에 수필로 등단을 했고, 2018년에는 여행 작가로 등단했다. 2019년에 시조에 등단했고 2021년에 첫 시조집 『사막에서』를 발간했다. 2022년에는 시조문학사에서 「좋은 작품집상」, 2023년 「작품상」을 수상하기도 했다. 여행을 매우 좋아하는 임만규 시인은 틈틈이 세계의 많은 나라를 여행하였으며, 기행 수필을 여행지와 문예지 등에 발표해오고 있다.

중국 송나라 때 학자이며, 정치가인 구양수歐陽修(1007~1072)

는 글을 쓰기 위해서는 많이 읽고多讀, 많이 쓰고多作, 많이 생각多商量하라고 했다. 이는 지금까지 동서고금을 막론하고 글쓰기의 고전이자 전범典範으로 지켜온 '삼다三多'라는 것인바, 이를 모르는 시인은 없을 것이다. 필자는 여기에 하나를 덧붙이고 싶은 것이 있으니, 그것은 바로 '많이 경험多驗을 하라'는 것이다. "인간은 자신이 경험한 만큼만 알고 느끼는 법"이라 했다. 그 경험의 폭은 시각적이거나 지적인 것에 국한되지 않고, 삶의 총체적인 체험 모두를 의미하는 것이기 때문이다.

혹자는 말한다. "지금은 챗 GPT와 같은 대규모 언어 모델의 등장으로 AI가 단순히 정보를 제공하는 수준을 넘어, 창의적인 글쓰기까지 가능하게 되었다." 따라서 앞으로 '시 쓰기'는 인간과 기계가 공존하는 새로운 영역이 될 것이다. 하지만, 시의 본질적인 문학의 가치는 독자로 하여금 감동을 할 수 있도록 작품을 써야 하는데, 이는 영혼을 가진 인간만이 해결할 수 있다는 점을 강조하고 싶다.

2. 임만규 시조의 작품 세계

앞서 서술한 바와 같이 임만규 시인이 전문 출판인으로 수필가, 여행 작가, 시조시인 등 다양한 장르의 문학 활동을 해온 작가로서 지금까지 쌓아온 다양한 경륜이 시인의 작품 세계에 얼마나, 어떻게 투영되었을까. 이를 규명하는 일은 매우 가슴 벅차고 의미 있는 작업이 아닐 수 없다.

필자는 지금부터 임만규 시인의 제2 시조집 『바람개비』에 실린 90편의 시조를 시조 문학적 측면에서 살펴보면서 시인의 작품 세계를 조명照明하고자 한다.

(1) 인생 여정

인생 여정의 길목에서 시인이 발견한 유형·무형의 시적 대상을 서정미학으로 승화시킨 시인의 시재詩才와 역량이 발휘된 작품들이다. 15편 모두가 우열을 가늠할 수 없으나 지면을 고려하여 네 편의 작품만 골라, 다음과 같이 조명해보기로 한다.

> 초록빛 밀고 나와 철없이 재잘대다
> 보랏빛 꿈을 좇아 비바람 헤쳐가다
> 해거름 언덕에 앉아 나를 보고 웃는다
>
> ―「길」 전문

임만규 시인의 시조집 『바람개비』에 실린 첫 번째 작품이다. 이 작품을 첫 번으로 다루게 된 것은 색채 이미지를 활용해서 시적 변용을 했기 때문이다. 작품의 구성을 살펴보면 초록빛(유년)→보랏빛(중년)→해거름(말년)으로 전개됨을 알 수 있다. 길고 긴 인생 여정을 단수 시조로 응축시키기 위해서는 색채 이미지를 활용하는 것이 효과적일 것이다. 초록은 자연의 대표적인 색채로 '미래의 색'이다. 보라색은 파장의 속도가 빨라 파란만장한 중년의 이미지를 대변하기에 십상이다.

임만규 시인의 번역 시조 15편을 제외한 75편 가운데, 색채와 관련된 시조는 31편으로 전체의 41.3%에 이른다. 색채의 종류는 매우 다양하다. 무려 19종에 이른다. 이들 작품은 수수首首 편편篇篇마다 한 폭의 수채화를 연상하게 한다. 색채의 힘이다. 멀티미디어 시대에 현대시조가 앞으로 나아가야 할 방향을 제시하는 시그널이 아닌가 싶다. 다른 시조시인에게서 볼 수 없는 특징 중의 하나다.

지난해 12월 10일 스웨덴 작가이자 한림원 위원인 엘렌 맛손이 노벨상 시상식에서 한강을 소개했다. "한강의 글에서는 흰색과 빨강, 두 색이 만납니다. 흰색은 그녀의 많은 작품에 내리는 눈이자, (중략) 동시에 슬픔, 그리고 죽음입니다. 빨강은 삶을 대변합니다. 그러나 고통, 피, 칼로 깊게 벤 상처이기도 합니다."라고 했다.

임만규 시인의 작품은 초록과 흰색이 주조를 이룬다. 여기서 초록은 안정과 평화, 희망과 위로다. 흰색은 순수함, 단순함, 깨끗함이다. 어떤 색이나 수용할 수 있는 포용의 색채다. 초·중·종장에 각운을 취함으로써 인생 여정의 연속성을 제시하고 있다. 특히 종장 마지막 소절은 '평범'을 벗어난 끝맺음이다. 비록 저물어가는 인생길이지만 지금까지 살아온 화자 자신을 되돌아보면서 "웃는다." 성공한 인생이기 때문이다.

> 적막을 가르면서 우주서 오셨는가
> 삐이익 고막으로 들어선 낯선 손님
> 가시라 하지 못하고 친구처럼 함께 산다
>
> ―「이명(耳鳴)」 전문

 필자의 작품에서는 '이명耳鳴'을 "제 몸도 못 가누는 폐차의 엔진소리", "피안의 강기슭에서 하직하는 이별가"로 표현한 적이 있다. 그뿐인가, 불면에 시달리는 열대야에 귓가를 맴도는, 얄미운 모깃소리 같기도 하고, 어느 때는 짝을 못 찾고 여름을 하직하는 매미의 애달픈 하소연으로 들리기도 한다. 그런데도 시인은 혹시 우주에서 온 낯선 손님이 아닌가 생각하고 있으니, 먼 곳에서 찾아온 귀한 손님을 어찌 떨쳐버릴 수가 있겠는가. 인생의 끝자락에서 함께 가야 할 동반자로 생각하고 "친구처럼 함께 산다."라고 했다. 삶에 대한 여유와 순명의 자세를 엿볼 수 있는 대목이다.
 임만규 시인의 작품에는 '우주'란 시어詩語가 심심찮게 등장하고 있다. 시란 "사람의 생각이 우주의 자장을 뚫고 만물의 언어를 캐내는 것"이라고 말한 이근배 시인의 말이 떠오른다. 작품 「인력引力」, 「시간여행」 등이 이를 뒷받침하고 있으며, 「4차원」이나 「세월」, 「여정旅程」 또한 이와 무관하지 않다. 사연인즉, 중학교 2학년 때 전국 국어 학력평가 시험지에 실린 '우주 관련 지문'을 읽고 신비감에 도취한 여운이 아직도 '우주'에 대한 관심을 지울 수가 없단다.

여기에 풀이 있다 목청껏 소리친다
마음이 급해져서 긴 목도 세워보는
세상에 더 아름다운 울음소리 있을까

다른 이 배려하면 그이가 내가 되는
아직도 멀기만 한 우리들 가슴에선
언제쯤 울 수가 있나 사슴처럼 미쁘게

―「녹명(鹿鳴)」 전문

  무게 있는 작품이다. "여기에 풀이 있다" 얼마나 생동감이 넘치는 외침인가. 동료에게 알리는 환호성이다. "다른 이 배려하면 그이가 내가 된다" 했으니, 더불어 사는 공생의 미덕을 지향하는 시인의 정신은 치열하다. 녹명鹿鳴은 『시경詩經』「소아小雅」 편에 '사슴이 소리를 지르며 다북쑥을 먹는다(呦呦鹿鳴 食野之苹)'에서 비롯된 말이다. 다른 짐승들은 먹이를 발견하면 혼자만 먹고 남은 것이 있으면 숨기기에 급급한데, 사슴은 오히려 먹이가 있음을 동료에게 알려 함께 나누어 먹는다. 개인의 욕망을 채우기 위하여 극단적 이기주의로 추태를 보이는 인간사회와는 대조가 된다. '더불어 사는 삶'의 미덕을 전하려는 시인의 마음이 곡진하다.

바람에 흔들려도 한사코 부여안고
산 넘고 강을 건너 오늘도 함께 간다
때로는 짐이 되다가 길도 되는 희망을

누구라 알겠는가 우리가 가는 곳을
지금이 언제인지 여기가 어디인지
시간은 머물지 않고 별나라를 달리니

미소는 푸르러도 언제나 가슴앓이
세월도 못 지우는 사연은 화석 되고
노을빛 곱게 내리면 여울지는 그리움

―「여정(旅程)」 전문

 이 작품은 개인의식을 형이상학적으로 표출한 서정시다. 색채 이미지가 은유와 상징으로 융합된 완결편으로 평가할 수 있다. 첫째 수가 희망과 좌절이 병존하는 고난의 인생 여정을 가고 있는 화자의 의지라면, 둘째 수는 한 치 앞을 가늠할 수 없는 미망迷妄의 인생길을 가며 세월의 덧없음을 안타까워하고 있다. 지금 우리는 속절없이 가는 세월을 외면한 채, 정상이 비정상이 되고, 비정상이 정상이 되는 질풍노도疾風怒濤의 혼돈시대를 살고 있다. 초대하지 않아도 오고, 허락하지 않아도 가는 세월 편에 이 망측한 시대를 하루속히 보내고 싶다. 셋째 수는 푸른 꿈을 이루지 못한 '가슴앓이'를 세월로 지우지 못하고 화석이 된 채, 인생의 끝자락에 여울지는 지난날의 아쉬움이 아닐까.

(2) 사색의 뒤안길

 추억과 그리움을 수놓은 서정시의 향연이다. 개인의식을 형이상학으로 변용한 서정시의 진면목을 여기서 발견할 수 있을 것이다. 무거운 작품들이 독자를 몰입과 침잠沈潛의 세계로 안내한다. 작품 「바람개비」가 더욱 그러하다.

> 고샅길 넘어가는 산속의 찻집에는
> 창가에 풍금 하나 다소곳이 기대있어
> 행여나 뉘라서 앉아 외로움을 열어볼라
>
> 언덕 위 야생화가 풋내음 터트리고
> 숲속에 바람 소리 추억을 일으키면
> 찻잔에 넘치는 다솜 내 가슴도 열어볼라
> ―「그 찻집」 전문

그냥 '찻집'이 아니라 '그 찻집'이다. 시인의 가슴 속에 자리 잡고 있는, 사연 깊은 찻집일 게다. 지난날의 아련한 추억과 그리움을 찾고 싶은 애틋한 서정시다. 첫째 수와 둘째 수의 초장과 중장에서 그려진 서술적 담론을 종장의 극적인 전환으로 극복한 수작임이 틀림없다. 첫째 수의 '풍금'이 외로움을 달래주는 상관물이라면, 둘째 수의 '찻잔'은 시인에게 지난날의 다솜(사랑)을 불러일으키는 상관물이다. 매 수 종장 끝자락에 반복되는 유음(ㄹ)의 연결어인 '열어볼라'를 보라! 그냥 지나치기에 참으로 아까운 여운이다. 지난날의 그리움과 아련한 추억에 젖고 싶은 시인의 갈망이기에 그렇다. '고샅길', '풍금', '풋내음', '다솜' 등 시어의 선택은 우리말에 대한 애착과 낯설기에 집중하는 시인의 창작 정신이 치열하다.

내 노래 길을 잃어 하늘을 떠돌다가
　　지금쯤 당신에게 힘겹게 닿았으리
　　그래도 참 다행이야 떠나기 전이라서

　　　　　　　　　　　　　　　　―「세월」 전문

　보낼까 말까 망설이다 보낸 사랑의 노래(편지)가 천신만고 끝에 상대방에게 보내졌다고 치자. 보내면서 받아보기를 바라는 마음이 얼마나 간절하고 가슴이 조일까. 사랑하는 마음을 보낼 수 있어서 다행이고, 받아볼 수 있어서 다행이다. 왜냐하면, 아직도 두 사람은 지구상에 살아 있으니 말이다. 종장의 극적 시상 전환이 명쾌하다. 이게 바로 시조의 멋과 맛이 아닌가.

　　당신을 보냅니다 당신이 원하시니
　　밤새워 눈이 내려 서러움 눈에 묻고
　　내가 줄 마지막 사랑 이별밖에 없어서

　　　　　　　　　　　　　　　―「마지막 사랑」 전문

　역설의 미학이다. "당신을 보냅니다."를 초장 첫머리에 놓은 것은 이별을 작심하고 이齒를 깨무는 화자의 최후 결단이다. "사랑하니까 헤어진다."라는 말이 머리에 떠오른다. 우리나라 영화의 전성기인 50, 60년대 톱스타이며, 한국영화사에 큰 궤적을 남긴 최무룡과 김지미가 1969년 헤어지면서 남긴 말이다. 이 시대를 살았던 필자는 이 말을 '자기 도피'를 위한 '비겁한 변명'으로 생각한 적이 있었다. 상대방에게 아픔과 상처를 주지 않으려고 배려한 '최고의 선택'이란 점을 깨닫지 못했던 것이다. '눈雪'에 서러움을 묻고 마지막 사랑으로 '이별'을 선택한 것이 아닌가. 중장의 지배소 '눈'은 순결하고 지고지순한 사랑의 표상이다. 그래서 이별이 가능한 것이다. 또한 종장이 백미白眉다. 내가 줄 "마지막 사랑"이 "이별"이란다. 가히 절창이다.

> 호젓한 산마루는 바람의 놀이터다
> 갈맷빛 숲의 바다 정령(精靈)을 불러내어
> 날개를 마주 잡으며 빙글빙글 달린다
>
> 얼마나 더 돌아야 소원이 이뤄질까
> 설레는 꿈 하나를 세월에 걸쳐두고
> 평생을 따라가면서 숙명이라 웃는다
>
> 세상에 어느 누가 그리움 없겠는가
> 혼자서 못 간다며 한사코 돌아서는
> 사랑은 불멸의 바람 비익조가 날고 있다
>
> ―「바람개비」 전문

시인의 시조집 명칭이 『바람개비』다. '바람'과 '바람개비'는 공존하기 위해서 필연적으로 맺어진 동반자 관계다. 시조집의 명칭이 '바람개비'인 것은 '시인'과 '시조'와 관계를 암시하고 있지 않을까. 첫째 수 초장은 작품 전체를 아우르는 시그널이다. 바람개비가 돌아갈 수 있는 환경 여건을 제시한 공간적 배경이기 때문이다. 둘째 수는 바람 따라 끝없이 돌아가야 하는 것이 바람개비의 속성이다. '꿈 하나'를 달성하기 위한 시인의 숙명적인 삶이라 봐도 무방할 것이다. 셋째 수는 깊은 사유로 빚어진 주지적 서정시라 할 만하다. '바람'과 '바람개비'와의 관계를 비익조比翼鳥에 비유하고 있는 것이다. 비익조란 암컷과 수컷의 눈과 날개가 하나씩이기 때문에 함께 짝을 짓지 않으면 날지 못한다는 전설상의 새다. 남녀나 부부 사이의 두터운 정을 비유적으로 일컫는 말이다. 그러나 여기서 '바람개비'는 바로 시인 자신이 아닐까.

(3) 풍경(風磬)소리

산사山寺의 정밀 속에서 이따금 들려오는 풍경소리는 인간으로 하여금 뉘우침과 깨우침을 자극하는 시그널이다. 보낸 세월을 반추하고, 현재를 자성하고, 미래를 참되게 살려는 시인의 마음을 작품 곳곳에서 엿볼 수 있으리라.

> 오대산 적멸보궁 산길에 들어서니
> 연초록 종소리가 총총히 들려온다
> 속세가 멀어지는가 꽃향기가 앞서간다
> ―「금강초롱꽃」 전문

소리를 색채로 표현한 공감각적 이미지 연출이 돋보이는 작품이다. 시인은 강원도 평창군 진부면 오대산 중대에 있는 적멸보궁을 찾은 모양이다. 종장에서 "속세가 멀어지는가 꽃향기가 앞서간다." 했으니, 이는 속세를 멀리하고 싶은 시인의 심리가 아닐까. 적멸보궁寂滅寶宮이란 사찰에서 석가모니의 진신 사리를 봉안하고 있는 건물이다. 석가모니가 적멸의 낙을 누리며 안식하는 곳이라는 의미를 담고 있다. 오대산 중대 적멸보궁은 통도사, 법흥사, 봉정암, 정암사의 적멸보궁과 함께 5대 적멸보궁 중의 하나다. 특히 오대산의 보궁은 어느 곳에 불사리가 안치되어 있는지 알 수 없어 신비감을 더해준다고 한다.

>전생을 불 속에다 오롯이 던져놓고
>해맑게 바라보는 넉넉한 미소에는
>아픔을 겪어야 아는 삶의 얘기 숨었다
>
>시련을 벼리다가 우주를 보았는가
>굴레를 벗어놓고 표연히 돌아서서
>숫눈길 곡선을 따라 적멸의 길 찾는가
>
>시간이 흐르는데 무엇이 영원하랴
>깊이를 알 수 없는 둥그런 가슴에는
>비우고 다시 비워서 무심만이 가득할라
>
>―「백자(白磁)」 전문

이 시조는 깊은 철학적 사유를 담고 있는 절창이다. 인간의 삶과 세계를 바라보는 시인의 깊은 통찰로 빚어진 작품이기 때문이다. 첫째 수의 '넉넉한 미소'는 불가마 속에서 아픔을 겪었기에 얻어진 결과다. 둘째 수는 백자의 표면을 보면서 느끼는 시인의 상상이다. 시련을 겪고 나니, 아마도 시야가 넓어져 우주(깨우침)까지 보이지 않았을까. 그래서 이승의 굴레를 벗고자 구도의 길을 택한 것은 아닌가. 초장과 종장에서 반복되는 종결어미(-는가)는 적멸의 길을 찾는 불자의 마음만큼이나 간절한 시인의 마음을 대변하고 있다. 숫눈길 걷는 사람만이 제 발자국을 남긴다 했으니, 구도의 길은 아마도 외롭고 고달픈 길이 될 것이다. 셋째 수에서 시인은 둥그런 백자의 텅 빈 모습에서 무심無心의 경지를 발견한다. 결국 이 시조는 색즉시공色卽是空 공즉시색空卽是色을 독자에게 암시하고 있지 않은가. 백자의 겉모양이 숫눈길처럼 시인의 눈[目]에 보였으니 색色이요, 속은 보이지 않으니 공空이다. 시인은 우리가 보고 경험하는 모든 현상(色)이 본질적으로는 실체가 없는 공空이며, 동시에 그 공空이 우리가 경험하는 현상(색)으로 나타난다는 진리를 깨달은 것이 아닌가.

> 미래를 기다리는 도솔천 임이신데
> 천의에 보관 쓰니 드높고 장엄하다
> 사유가 깊어 가시니 그 모습이 청정하다
>
> 어디를 보시는가 고요히 반가한 채
> 업장이 무거우면 순간에 놓으라며
> 반야를 이르시는가 침묵 웅변 간곡하다
>
> 무엇을 보시는가 천년을 하루같이
> 사바를 살피시고 무명을 사위라며

피안을 나투시는가 자비 미소 그윽하다
　　　　　　　　　　―「미륵보살 반가사유상」 전문

　절제의 미학으로 본 우리 전통미의 재현이다. "인간은 아는 만큼 느끼고, 느낀 만큼 보인다."라고 했다. 국립중앙박물관 '사유의 방'에 소장된, 국보 78호인 미륵보살彌勒菩薩 반가사유상半跏思惟像을 감상하는 시인의 시선이 매우 치열하다. 둘째 수와 셋째 수 첫머리에 반복되는 시인의 물음이 이를 대변하고 있다. 도솔천, 반가, 업장, 반야, 사바, 무명, 피안, 자비 등의 불교적인 전문 용어와 사유 깊은 감상 태도가 시인의 통찰과 안목을 유감없이 발휘하고 있는 것이다.

　오랜 역사의 연륜이 협소한 땅덩이에 쌓이다 보니, 우리 국토 어디를 가나 유형·무형의 문화유산을 만나게 된다. 한국이야말로 문화대국임에 틀림없다. 문화유산은 단순한 과거의 유물이 아니다. 찬란한 역사와 문화의 발자취이며, 한국인의 정체성과 자부심의 표상이기에 매우 중요한 보물이다. 시인은 이를 아끼고 보존해야 한다는 간곡한 메시지를 시조로 웅변하고 있는 것이다.

　　은가비 열사흘 달 앞산에 걸렸는데
　　툇마루 가운데로 맷돌이 올라온다
　　고부가 마주 앉으며 어처구니 잡는다

당겼다 밀어주며 빙글빙글 하나 되니
대두(大豆)도 허물 벗고 하얗게 환생한다
에미야, 친정 댕겨와라 가을밤이 젖는다

철없는 손자 손녀 저리도 즐거울까
웃음에 노랫소리 초가집 들썩인다
추석아, 어서 오너라 어화둥둥 달 크거라
　　　　　　　　　　　—「어처구니」 전문

　필자 혼자만 보기에는 아까운 절창이다. 어처구니를 "당겼다 밀어주며 빙글빙글 하나 되니" "대두大豆도 허물 벗고 하얗게 환생한다." 참으로 절묘한 표현이다. 고부간의 평상시 앙금이 대두가 허물을 벗듯 깨끗이 해결되는 순간이다. 견원지간犬猿之間인 고부간이라도 이쯤 되면 시어머니도 "에미야, 친정 댕겨와라"할 정도로 며느리에게 후한 대접을 할 수밖에 없다. 우리 선대들은 초근목피로 연명하던 시절에도 추석만은 풍성했다. 은가비, 열사흘, 툇마루, 맷돌, 어처구니는 얼마나 정겨운 우리의 토박이 말인가. 여기에 '에미야', '댕겨 와라' 등 구수한 사투리에 감탄사 '어화둥둥'이 흥을 돋운다.
　영국의 시인이며 비평가인 아널드(M. Anold, 1822~1888)는 시의 진실을 두 가지 측면으로 보았다. 하나는 삶의 태도에서 비롯된 정신의 깊이이며, 또 하나는 미적 감동의 세계다. 미적 감동의 심미적 정서라는 측면에서 시인은 모국어에 바쳐진 순장자이며, 모국어의 최후 완성자다. 그러므로 우리 시인은 모국어를 갈고 닦아야 할 사명이 있다. 우리 국어에 대한 시인의 애정이 남다름을 감지할 수 있는 명품이다.

(4) 계절의 감각

아놀드 토인비(1889~1975)의 '도전과 응전' 이론은 과거 문명의 흥망성쇠뿐만 아니라, 현대 사회와 개인적 삶에도 적용될 수 있는 통찰을 제공하고 있다. 그는 "다양한 기후 변화와 같은 적절한 수준의 도전이 문명을 발전시킨다."라고 말한 바 있다. 다른 나라와는 달리, 사계절이 뚜렷한 우리나라는 계절에서 느끼는 감각이 각별하다. 기후환경 변화에 따른 생태 관련 시조가 절실한 것은 현대시조의 요청이다. 앞으로 시조시인이 유념해야 할 과제 중의 하나다. 여기서 계절에 관련된 시조 몇 편을 골라 살펴보기로 한다.

> 바람과 함께 걷는 3월의 호숫가에
> 참았던 속울음이 목울대 빠져나와
> 새 세상 시작이라고 초록빛을 흔든다
> ―「좋은 날」 전문

이 작품의 중장을 보면, 시조의 제목과 내용이 역설로 인식하는 오류를 범할 수도 있다. 그러나 시인은 혹독한 추위를 극복하고 이른 봄에 솟아나는 초록빛 새싹을 보며, "참았던 속울음"이 터져 나올 정도로 경탄을 하고 있는 것이다. 시인만이 느낄 수 있는 희열喜悅의 통정通情이다. 그래서 시조의 제목이 「좋은 날」이다. 시인은 비록 칠순에 접어들었지만, 새봄을 맞아 새로 솟아나는 새순처럼 인생을 새롭게 시작하라는 가르침을 얻는다. 여기서 덧붙이고 싶은 말은 "시조 쓰기를 행간에 침묵을 심는 행위라고 할 때, 침묵의 공간은 여백이다." 원로 문학평론가 김봉군 교수의 지적이다. 여기서 '여백'은 독자가 상상하고 느껴야 할 공간이다. 이러한 면에서 본다면, 단시조를 '하나의 문장으로 완결해야 하느냐'에 대한 문제를 제기하고 싶은 것이 필자의 생각이다. "시의 첫 줄은 신이 지어준다"라고 했던 프랑스 시인 폴 발레리의 말을 상기할 필요가 있다. 첫 줄의 독립성을 암시하고 있는 말이 아닌가.

바람이 불어오는 호숫가 길섶에는
실버들 초록빛이 물 위로 떨어지고
산수유 꽃눈 사이로 노란색이 웃는다

찾아온 봄을 보라 무얼 더 바라는가
눈부신 초목마다 기적이 달렸으니
이렇게 보는 것만도 행복하지 않은가
—「봄날이다」 전문

이 시조의 첫째 수 역시 앞서 거론한 작품 「좋은 날」과 형식이 다르지 않다. 서사적 담론에 치우칠 우려가 있으나, 둘째 수의 중장이 이를 방어하고 있다. 시인은 생동감이 넘치는 봄날의 초목을 다시 살아난 '기적'으로 표현하고 있기 때문이다. 개인의식을 형이상학적으로 표현한 서정시다. "이렇게 보는 것만도 행복하지 않은가"로 맺음 한 것이 그렇다. 이 작품에서도 '초록빛'과 '노란색'은 봄날의 이미지를 선명하게 전달하기 위한 시적 변용이다.

> 세상을 바꾸려는 바람이 불어온다
> 채색된 사유들이 호숫가 물들이고
> 계절을 건너온 사연 물비늘로 흐른다
>
> 못 지운 그림자를 무심히 바라보다
> 슬며시 붉어지는 철없는 그리움이
> 갈맷빛 벤치에 앉아 소매 깃을 잡는다
>
> 해거름 산정에는 하나씩 떠나는데
> 소묘의 고샅길에 아직도 쌓여가나
> 길 잃은 물새 한 마리 세월 비껴 날고 있다
> ―「추색(秋色)」 전문

갈색 짙은 커피 한잔이 생각나는 수작이다. 가을은 심연深淵 속으로 가라앉는 침묵이다. "채색된 사유思惟들이 호숫가를 물들이고" 소슬바람이 물비늘을 일으키는 계절이다. 내뱉는 말보다는 사색은 충만해서 외로움과 그리움이 피에타 마리아의 소리 없는 통곡처럼 복받쳐 오르는 계절이다. 길 잃은 물새 한 마리도 계절을 비껴나는데, 해 질 녘 소묘의 고샅길엔 못 지운 추억과 그리움만 쌓이니, 인생의 끝자락에서 어쩌란 말인가. 가는 세월이 야속하다. 여기서 세월을 비껴 나는 '길 잃은 물새 한 마리'는 바로 시인 자신이 아닌가.

  새하얀 나비처럼 군무하는 창밖으로
  길 떠난 친구 녀석 찾아와 서성인다
  조금만 기다리면 돼 나도 지금 가는 중야

  뒤안길 저 너머에 서 있는 그 녀석은
  세월이 흘러가도 언제나 청춘이다
  점점 더 또렷해지는 그 미소가 아프다
          ―「눈 오는 날」 전문

 내 옆에서 함께 늙어가는 친구의 이름은 떠오르지 않아도, 오래전에 세상을 떠난 친구의 이름은 생생하다. 나이를 먹을수록 점점 그렇다. "만 리길 나서는 길 처자를 내맡기며 맘 놓고 갈 만한 친구"라면 더욱 그렇다. 세월이 가도 더 이상 나이를 먹지 않는 뒤안길의 친구와 점점 가까워지기 때문이다. 또렷해지는 그 미소가 아프단다. 역설의 미학이다. "조금만 기다리면 돼, 나도 지금 가는 중야!" 눈이 오는 날 먼저 간 친구를 그리워하다 무의식중에 내뱉는 독백이다. 눈시울이 뜨겁다. 필자 역시 가끔 내뱉는 말이기 때문이다.

 (5) 본 대로 느낀 대로

여기에 실린 작품들은 임만규 여행 작가가 시조로 쓴 '세계 견문록'이다. 많은 국가를 여행하면서 '본 대로 느낀 대로' 쓴 시조이기 때문이다. 이러한 기행 시조는 자칫 서사적 담론에 치우칠 우려가 없지 않은데, 이를 어떻게 극복하고 있는지 인용된 작품들을 살펴보고자 한다.

> 참으로 멀리 왔다 그래도 가야 한다
> 눈앞이 황량하니 나도 곧 사막 되나
> 세상은 열려있어도 길 찾기는 어렵다
>
> 욕망은 신기루라 꿈처럼 뒤척이고
> 먼 길을 걸어가면 추억도 짐이 되나
> 가슴이 너무 기름져 발걸음이 무겁다
>
> 여기서 실종되면 세상은 끝이 난다
> 마음을 열어야지 모래에 갇히려니
> 버리고 모두 버리고 가족 찾아 걷는다
> ―「사막에서」 전문

한국문인협회 『월간문학月刊文學』 668호에 「작품을 탄생시킨 모티브」로 소개된 작품이며, '제1회 모상철시조문학상' 대상 수상작이기도 하다. 페루 중남부 도시 이카에서 만나는 와카치나는 사하라사막을 연상시키는, 광대무변한 사막이다. 이 작품은 객관적 상관물인 사막을 형이상학적으로 표현한 작품이다. 세 수의 종장이 작품의 수준과 이를 대변하고 있다. 여기서 '사막'

은 시인이 가야 할 척박한 '인생의 여정'일 수도 있다. 셋째 수 종장의 "버리고 모두 버리고 가족 찾아 걷는다."란 사막을 걷는 고통을 절절한 가족애로 극복하고 있는 것이다. 인간의 행복은 세속적인 체험과 여행에 있는 것이 아니라, 자신의 가정에 있다는 점을 시인은 통절痛切하고 있다. 시인은 결국 황량한 사막 여행을 통하여 가정의 소중한 가치를 다시 확인하고 있는 것이다.

> 시간이 멈추어 선 사마르칸트 벽화 속에
> 고구려 사신들이 홀연히 다가선다
> 먼 길을 달려와 만난 세월 저편 나일라
> ―「실크로드를 가다」연시조 세 수 중 셋째 수

시인은 우즈베키스탄 여행 중 사마르칸트에 있는 아프로시압 역사박물관의 구르테무르아미르 궁전벽화를 본 것이다. 7세기 당시 사마르칸트에서 번영했던 소그디아 왕국 바르 후만 왕의 즉위식에 참석했던 고구려의 사신을 벽화 속에서 발견한 것이다. 고구려에서 사마르칸트까지는 6,000km가 넘는데, 그 시절에 어떻게 '여기까지 왔을까.' 시인은 세월 저편에서 고구려의 사신과 마주한 감회가 남다른 것이다.

> 전설이 살아가는 붉은 색 지붕 위로
> 뾰족탑 하늘 향해 키 재기 한창인데
> 시간이 그대로 멈춘 중세도시 프라하

하늘의 시간들을 한곳에 모아놓은
하누슈 천문시계 인형의 메시지는
"너희들 죽음의 시간 얼마 남지 않았다"

블타바 거센 물결 막아선 카를교에
나그네 사로잡는 집시 노래 고혹한 밤
성인(聖人)들 긴 그림자가 강물 위에 잠든다
—「백탑(百塔)의 도시」 전문

서사적 담론의 위기를 극복한 시인의 내공과 역량이 돋보이는 작품이다. 특히, 각 수首의 세련된 종장 처리가 그렇다. 시인은 백탑百塔의 도시 체코의 프라하에 도착한 모양이다. 프라하를 '백탑의 도시'로 불리게 된 이유는 블타바 강 위에 우뚝 솟아있는 프라하성城 언덕에서 시내를 내려다 보면 탑塔의 숫자가 100에 이른다는 데서 유래한다.

첫째 수에서는 붉은색 지붕 위의 뾰족탑, 둘째 수에서는 프라하 구시청사 벽에 걸린 천문시계와 인형 메시지, 셋째 수는 카를교橋다. 이 다리는 체코에서는 가장 처음 만들어진 돌다리다. 블타바강 위에 세워진 다리 중 유일하게 보행자 전용 다리이면서 천문시계와 함께 프라하를 대표하는 관광의 중심이다. 이 다리에는 30개의 성상聖像들이 좌우 난간에 각각 마주 보며 서 있다. 시인은 여기서 성인聖人에 대한 깊은 사념에 사로잡히고 있는 것이다.

> 수평선 소실점에 별들이 떠오르면
> 하늘 밑 끝자락에 고향이 숨어있어
> 밤마다 따가운 상처 톺아오는 그리움
>
> 바다를 건너올 때 못 태운 울음인가
> 열사의 땅 위에서 잉걸불 타오르니
> '에니 깽' 생존의 역설 전설처럼 설핏하다
>
> ―「애니 깽」 전문

20세기 초 멕시코만灣 새벽안개를 뚫고 범선들이 닻을 내리면, 지상낙원을 꿈꾸며 온 조선인들이 짐짝처럼 하역된다. 이들은 옥토와 신천지를 찾아 새 생활을 꿈꿔온 사람들인데, 막상 도착하고 보니, 이들 앞에는 열사의 황색 모래가 눈 앞을 가리는 불모지와 찔리면 살이 썩어들어가는 가시 돋친 용설란(애니깽)뿐이었다. 이들의 처절한 삶과 고향에 대한 절절한 그리움을 표현한 서정시다. 술의 원료인 용설란 농장에서 일하면서 가시에 찔린 아림과 쓰라림을 고향에 대한 간절한 그리움으로 승화시킨 시인의 역량이 대수롭지 않다. '톺아오는', '잉걸불', '설핏하다' 등의 시어 선택은 '낯설기'를 위한 시인의 치열한 창작 의지를 엿볼 수 있는 증거다.

> 구호는 거짓이고 공포의 그림자만
> 핏빛의 석호처럼 절망적 나락이다
> 생존은 오로지 굴복 비인간화 실험장

하루는 기적이고 머뭇대면 죽음이라
예별(袂別)에 침묵하고 기도도 생략할 때
떠나는 영혼의 꽃잎 굴뚝 위에 피었다

고결한 미덕보다 불순물 자처하고
고독도 사치라서 본능만 따라 간다
삶이란 다양성이니 부끄러움 접는다

내가 날 버린다면 나 위해 누가 사나
숨겨진 이야기들 살아서 증언해야
마지막 남은 자존심 철조망을 넘는다

―「수용소」 전문

이 시조는 폴란드의 아우슈비츠 수용소의 처참했던 과거를 고발한 작품이다. 시인의 치열한 역사의식이 돋보인다. 인간이 두 눈을 뜨고 시퍼렇게 살아있는 인간을 학살하는 잔인함에 소름이 돋는다. 매 수首마다 희생자를 대변하는 절박한 메시지가 생생한 영감을 자극하는 작품이다.

1939년 제2차 세계대전을 일으킨 히틀러(1889~1945)가 대전 이듬해인 1940년 아우슈비츠에 첫 번째 수용소를 건립했다. 이듬해인 1941년에 아우슈비츠 2호를 증축하여 죄수들을 독가스로 처형하기 위한 집단 처형소로 사용했다. 1942년에 아우슈비츠 3호를 건설하여 노동자들을 공급하는 강제 노동수용소로 삼았다. 모두가 유럽 유대인들을 멸종시키기 위한 계략이었다. 젊은 유대인 남녀는 강제 노동수용소로 보내졌고, 쓸모가 없는 노약자 및 어린이들은 살해되었다. 주기적으로 허약해진 사람들을 선별해 제거했으며, 일부는 의학실험 대상으로도 삼았다. 이곳에서의 총 사망자 수는 대략 400만 명에 이른다고 하니, 인간 도살장屠殺場이었던 셈이다. 당시 일제의 수탈收奪을 겪은 우리의 역사도 이와 무관하지 않으니, 갑자기 서대문 형무소가 필자의 머리에 떠오른 것은 우연이 아니다.

(6) 세계로 가자

"세계로 가자!" 시조의 세계화에 앞장서는 임만규 시인의 절규다. 그동안 임시인은 자신이 지은 작품을 영어, 스페인어 등으로 번역하는 데 게을리 하지 않았다. 우리 고유의 전통시인 시조가 세계로 뻗어 나아가기를 갈망하는 임시인의 열정은 각별하다. 몇 작품을 골라 이를 조명해 보기로 한다.

> 표정은 초연해도 가슴은 바다 심연
> 달래며 쓰다듬은 천형(天刑)의 세월이여
> 슬퍼서 아름다운가 은빛 푸른 사랑아
> ―「진주(眞珠)」 전문

"시의 첫줄은 신이 지어 준다."고 했다. 프랑스의 시인 폴 발레리(1871~1945)의 말이다. 시인의 깊은 사유와 천착의 결과로 얻어진 영감(inspiration)이 바로 첫줄이라는 말이다. 이 시조는 초장에서 이미 진주의 겉과 속이 판이하다는 점으로 독자의 호기

심을 자극하고 있다. 오랫동안 천형을 극복하면서 각고 끝에 얻은 진주의 아름다움만큼이나 시인은 화려한 수사법의 향연을 펼치고 있다. 은유와 대조, 활유와 과장, 역설과 감탄이 그것이다. 필자는 이 작품의 곳곳에서 시인의 기량과 내공을 느낄 수 있어 기쁘다. '왜 시조가 매력적인 문학 장르인지' 독자가 이 시조를 읽어보면 짐작하리라. 진주는 "슬퍼서 아름다운 은빛 푸른 사랑"이란다. 명품 시조나 성공한 인생 역시 이와 다를 바 없지 않은가.

우주의 입자들이 쉼 없이 파동치고
우리의 가슴에도 정념(情念)이 물결치니
밤하늘 별이 보이면 그리움도 뜨는가

―「인력(引力)」 전문

임만규 시인의 시야는 바다처럼 넓고 하늘처럼 높다. 우주와 인간을 상대적으로 보면서도 서로 분리될 수 없는 필연적 인과관계가 있음을 인식하는 시인의 거시적인 안목이 이를 대변하고 있다. 누구보다 세상을 두루 겪은 시인다운 시선이며 발상이다. "밤하늘에 별이 보이면" 자신의 가슴속에 고이 간직하고 있는 그리운 얼굴도 보았으면 좋겠다는, 간절한 마음이 애틋하다. 독자로 하여금 무한한 상상력을 자극하는 치열한 작품이다.

금 비늘 긴 가르마 수평선 달려와서

가슴을 헤집고는 화살처럼 박혔다
　　　세월도 빼내지 못해 혼자 익는 그리움
　　　　　　　　　　　　　　　　―「노을」전문

　시상의 전개가 절묘하다. 초장은 해질녘 수평선 따라 가로 지른 노을의 정경이다. 중장은 노을이 수평선에 깊숙이 투영된 정황이다. 이를 시인은 노을이 "화살처럼 박혔다"고 했으니, 그리움의 정도를 가늠할 수 있는 표현이다. 세월이 간다고 화살처럼 깊이 박힌 그리움을 어찌 지울 수가 있으랴! 노을은 시인 혼자만이 가슴 속 깊이 간직한 '그리움'이기 때문이다. 나이를 먹어도 문신처럼 지울 수 없는 짙은 그림자다.

　　　왜 이리 부끄럽지 마주 서 바라보면
　　　조금은 당황하지 속마음 들켰을까
　　　서둘러 거짓을 지우고 세상으로 나가란다
　　　　　　　　　　　　　　　　―「거울」전문

　겉보기는 가벼워도 속으로는 무거운 작품이다. 형이상학적으로 표현한 독백이며, 자기 고백이기 때문이다. 거울은 거짓을 모른다. 앞에 있는 대상을 가감 없이 있는 그대로 보여주는 것이 거울의 속성이다. 화자는 거울 앞에서 양심의 가책을 느끼고 있는 자신의 내면까지 탄로 난 것이 아닌가 노심초사하고 있다. 지금까지 타인을 의식한 체면이나 과시 등 허식으로 살아온 지난날을 깨우치고, 떳떳한 삶을 추구하려는 시인의 의지가 곡진하다.

거울이 주는 무언의 가르침이다.

> 갈매기 날개 끝에 노을이 실려 가면
> 가슴을 불태우는 그리움 꺼내 들고
> 이 밤도 달빛에 젖어 승천하는 향기여
> ―「야래향(夜來香)」 전문

'야래향夜來香'이란 시제詩題와 시조의 종장을 대비시켜 보라. 절묘하지 않은가! 야래향의 향기만큼이나 서정성이 짙은 절창絶唱이다. 멋과 맛이 있어 좋다. 밤에 꽃이 피기 때문에 야향화夜香花라고도 한다. 해가 뜨면 꽃잎을 오므려 봉우리를 만들었다가 밤이 되면 활짝 펼쳐 피어나는 꽃으로, 진하면서도 그윽한 향기를 가득 뿜어낸다. "아시아의 가희歌姬"라 불리던 대만의 여가수 등려군鄧麗君의 감미로운 이 노래가 귓가에서 맴돈다.

> 더듬어 입술 끝에 슬며시 꽂아 넣고
> 가슴을 대신해서 고독을 태워내면
> 사연은 타래를 풀며 시간 속을 나는가
> ―「담배」 전문

이 시조는 스페인어로 번역한 한국문인협회 발행 『시조, 꽃피다』에 실린 작품이다. 중장과 종장의 표현이 예사롭지 않다. 가슴 시린 고독을 담배로 태워내면, 엉클어지고 산만했던 생각들이 연기되어 날아가지 않을까. 자신에게 물어보는 자아의식의 표출이다. 종장의 표현이 일품이다. 실타래를 풀어내는 듯 담배 연기의 형상이 눈에 선하다. 고독을 탈피하려는 시인의 심사를 대신하기 때문이다.

3. 맺는 말

임만규 시인의 시조집 『바람개비』는 주제와 내용에 따라 6부로 구성되었으며, 작품 수는 모두 90수이다. 이중 단시조는 41수이며, 연시조는 49수에 이른다. 필자가 수수首首 편편篇篇 작품들을 자세히 살펴본바, 작품의 질적 수준이 매우 높을 뿐만 아니라, 작품과 작품 간의 편차偏差가 적다는 점을 발견할 수가 있었다. 다시 말하면, 작품의 수준이 전체적으로 상향평준화를 이루고 있다는 사실이다. 이는 우연이 아니라, 시인의 선천적으로 타고난 문재文才에 더하여 42년간의 전문 출판인으로 쌓아온 실전 경험과 세계여행을 통하여 터득한 문학 작가로서의 견문, 다양한 장르의 문학 활동으로 축적된 내공의 결과로 얻어진 필연임을 알 수 있다.

임만규 시인은 시야가 탁 트인 작가이다. 그의 작품세계는 바다처럼 넓고 하늘처럼 높다. 그리고 그의 시적 사유思惟는 피오르드의 심연深淵처럼 깊디깊다. 시인은 그동안 수필, 소설, 여행 작가로 필력을 다듬고 나서 마지막으로 둥지를 튼 곳이 시조다. 임만규 시인의 작품에서 발견되듯 인간이 볼 수 있는 넓은 세상과 심오한 사유를 담기에 가장 적합한 그릇이 시조임을 깨달은 것은 필자에게도 큰 행운이다. 그의 시조는 거시적 안목과 미시적 안목을 통하여 시적 대상을 형이상학적으로 그려냈기에 작품의 진면목을 파악하기 위해서는 침잠沈潛과 몰입沒入이 요구된다. 또한 시인의 작품은 시공을 초월해서 몸소 겪고 실천한 바를 시조로 쓴 것이다. 그래서 필자는 평설의 제목을 「절제節制의 미학美學으로 본 세상」이라 명명命名한 것이다.

  우선, 시인의 작품에서 눈에 띄는 점은 색채 이미지를 활용한 시적 변용을 들 수 있다. 앞에서도 언급했듯이 색채와 관련된 작품 수는 번역시조를 제외한 75수(편) 가운데 31수로, 전체의 41.3%에 이른다. 인용된 색체의 유형은 19종으로 매우 다채로우며, 시인이 가장 선호하는 색은 초록이다. 시인이 여행을 통하여 경험한 시적 대상이나 느낌을 독자에게 생생하게 전달하기 위해서는 색채야말로 가장 절실한 시적 요소가 아닐 수 없다. 작품마다 한 폭의 수채화를 연상할 수 있는 것은 우연이 아니다.

  앞의 작품 「길」에서 언급했듯이 현대문학에서 '색채'가 가지는 의미는 매우 깊다. 지난해 노벨상 시상식에서 한강의 작품 속에 등장한 색채를 언급한 스웨덴 작가이며, 한림원 위원인 엘렌 맛손이 이를 대신하고 있다. 이처럼 임만규 시인은 멀티미디어 시대에 현대시조가 나아가야 할 방향을 제시한 시인이다. 다른 시조시인에게서 보기 드문 특징 중의 하나다. 색채가 개관적 사실의 묘사나 공감각적 이미지 형성을 위한 필수 불가결의 요소이긴 하지만, 과다한 노출은 독자로 하여금 이질감을 가져올 개연성이 있다는 점도 임시인은 모를 리 없다.

　임만규 시인은 우리 토착어인 고유어에 대한 애정이 누구보다도 각별하다. 이는 '낯설기'에서 매우 긴요한 요소의 하나가 되기도 한다. 시인에게 국어사랑은 가장 먼저 갖추어야 할 정신적인 무장이다. 우리 한글은 세계적으로 우수성이 공인된 최고의 문자다. 이를 아름답게 갈고 닦아야 하는 것은 시인에게 주어진 엄중한 사명이기 때문이다. 작품 「어처구니」나 「애니 깽」 등에서 두드러지게 나타나고 있는 점은 참으로 기쁜 일이다.

　다만 한수로 된 단시조를 '하나의 문장으로 완결해야 하느냐'에 대하여는 연구과제로 남기고 싶은 것이 필자의 소견이다. 이는 임만규 시인 뿐만 아니라, 시조시인 모두가 관심을 가질 필요성이 있다고 보기 때문이다. 시조를 '절제의 미학', 또는 '여백의 미학'이라고 한다. "시조 쓰기를 행간에 침묵을 심는 행위라고 할 때, 침묵의 공간은 여백이다." 평론가 김봉군 교수의 말이다.

　시조는 역사처럼 과거나 현실의 기록이 아니라, 상상력이나 직관력에 의한 현실의 재창조. 이것이 시적 진실이며, 감동의 세계다. 이러한 측면에서 본다면, 임만규 시인의 제2시조집 『바람개비』는 시인이 '본 대로 느낀 대로' 다채롭게 경험한 시적 대상을 형이상학적으로 재창조한 시인임에 분명하다. 시조시인은 우리 고유의 전통시인 '시조'에 대한 올바른 인식과 가치관을 가지고 민족정신을 구현함과 동시에, 법고창신法古創新의 정신으로 시조의 계승발전에 노력해야 할 역사적 사명을 가지고 있다는 점을 덧붙이고 싶다.

독자에게 좀 더 소개하고 싶은 매력적인 작품이 많지만, 제한된 지면 관계상 여기서 접으려니 참으로 아쉽다. 산전수전을 모두 겪고 나서 안식처로 선택한 시조가 임만규 시인에게 정신적으로 위안을 주는 치유의 동반자가 되었으면 좋겠다. 필자에게도 주옥같은 작품을 통하여 자성의 기회를 준 시인에게 감사의 뜻을 전한다.

끝으로 임만규 시조시인의 제2 시조집 『바람개비』 상재를 축하드리며, 우리 현대시조가 나아갈 방향을 안내하는 선도자가 될 것을 믿어 의심치 않는다.